Oma backt

HERZHAFT & KÖSTLICH

100
LIEBLINGSREZEPTE
VON ANNI UND
EVA-MARIA

EMF

EIN BUCH DER
EDITION MICHAEL FISCHER

Inhalt

S. 24

S. 82

S. 124

S. 164

S. 150

S. 56

S. 112

S. 130

S. 68

S. 122

S. 140

S. 94

S. 102

Einleitung

Den Traum von einer professionellen Backstube haben wir zwar nie gehabt – begeisterte Bäckerinnen waren wir aber schon immer. Dass wir beide mit unserem liebsten Hobby, dem Backen, 2015 unabhängig voneinander beim sozialen Münchner Start-Up *Kuchentratsch* gelandet sind, ist also eigentlich nicht verwunderlich. Die Möglichkeit, unsere Leidenschaft fürs Kuchenbacken gemeinsam mit anderen backbegeisterten Omas und Opas in einer großen Backstube auszuleben und dabei der professionellen Backkunst genauso viel Aufmerksamkeit zu schenken wie dem gemeinsamen „Tratsch", hat uns auf Anhieb angezogen.

In einem Alter, in dem die meisten Menschen sich in den wohlverdienten, aber mitunter auch etwas langweiligen Ruhestand zurückgezogen haben, starteten wir also nochmal so richtig durch. Zehn bis zwanzig Kuchen und Torten pro Kopf kommen so binnen weniger Stunden schnell zusammen. Die Wellenlänge stimmte auf Anhieb und so entwickelte sich schnell eine intensive Freundschaft. Rezepte wurden ausgetauscht, gegenseitig bewertet und, soweit überhaupt möglich, verbessert.

Und weil wir nicht nur gut und gerne backen, sondern auch besonders kommunikativ sind, haben wir ebenfalls bereits gemeinsame Auftritte in den sozialen Netzwerken und im Fernsehen gehabt. Bei Instagram präsentierten wir so bereits Küchenmaschinen, die beim vielen Backen einem besonders anspruchsvollen Stresstest ausgesetzt sind. Vom ZDF wurden wir 2019 angesprochen, für die Sendung „Die Drehscheibe" über unsere Backleidenschaft, unsere Freundschaft und überhaupt unsere Leben vor die Kamera zu gehen. Kurzerhand flogen wir nach Hamburg und drehten einen Beitrag fürs Fernsehen. Und weil man schon mal „da oben" war, hängten wir spontan gleich noch einen Helgoland-Urlaub dran. Denn der hohe Norden hatte es uns beiden schon immer angetan. Überhaupt gehört die Reiselust neben dem Backen zu unseren liebsten Hobbys, wobei den Zielen häufig eine kulinarische Motivation zugrundeliegt. Nach Venedig sind wir etwa gefahren, um die italienische Back- und Kochkunst zu studieren, und ins Erzgebirge auf eine Weihnachtsmarktrundreise, um nach den besten Stollenrezepten zu suchen. Ein Helgolandaufenthalt wird da auch gern mal für eine intensive Whisky-Verkostung genutzt.

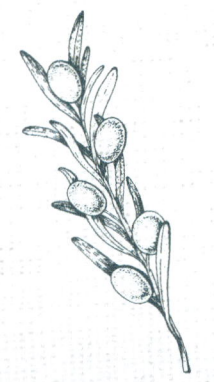
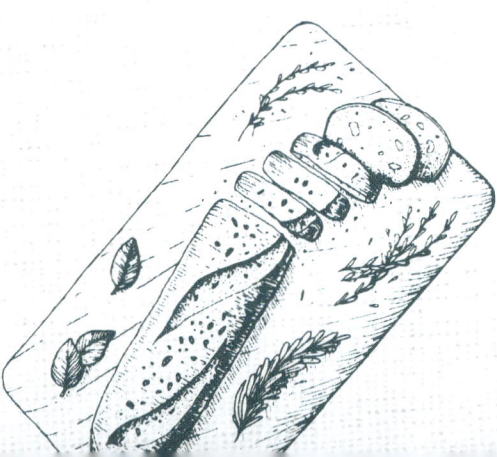

Wir zwei ergänzen uns in jeglicher Hinsicht und konnten so viel voneinander lernen, aber vor allem miteinander erleben. Wir starten beide stets früh in den Tag, entweder um zu backen oder um etwas zu unternehmen. Lange Spaziergänge, gemütliche Stadtbummel, Schlendern über den Münchner Viktualienmarkt samt ausgedehnten kulinarischen Pausen, Schwimmen oder Nordic Walking stehen so immer wieder auf dem meist gemeinsamen Tagesplan. Kauft eine ein Paar Schuhe, dann dauert es nicht lang, bis die andere ebenfalls auch ein Paar „braucht".

Eine besondere Leidenschaft hat Anni auch für das Golfspielen entwickelt. Hier kann sie abschalten und wieder Kraft tanken. Dabei ist sie vermutlich die einzige Hobbyspielerin, die immer wieder mit einem Caddy auf dem Platz gesichtet wird. Eva-Maria liebt es einfach, Anni auf dem Golfplatz zu begleiten, auch wenn sie selbst den Golfschläger nicht schwingt.

Wer denkt, dass wir zu Hause den Ofen dann bestimmt ausgeschaltet lassen, hat sich aber gewaltig getäuscht. Ideen, die uns beim „Tratschen" kommen, werden kurzerhand mal bei Anni, mal bei Eva-Maria ausprobiert und Töchtern, Schwiegersöhnen und Enkeln zum Test vorgesetzt. „Aber warum immer nur süß backen?", haben wir uns gefragt – und immer wieder auch salzige Rezepte ausprobiert. Bei dem enormen Schaffensdrang dauerte es natürlich nicht lange, bis eine ganze Menge leckere, herzhafte Backrezepte zusammengekommen waren, die wir nicht für uns behalten wollten.

Um unseren Geschmack und unsere Erfahrung an andere Menschen weiterzugeben, haben wir also beschlossen, dieses Backbuch zu schreiben.

LEITFADEN FÜR DIE REZEPTE

- ♥ Den Backofen immer vorheizen.
- ♥ Die Backtemperaturen gelten, sofern nicht anders angegeben, für Ober-/Unterhitze.
- ♥ Gebacken wird meist auf der mittleren Schiene (Mitte) des Ofens.
- ♥ Eine feuerfeste Schale mit Wasser im Backofen sorgt für knuspriges Brot.

- ♥ Die Garprobe machen: Wenn das Brot beim Klopfen auf seiner Unterseite/dem Boden hohl klingt, ist es fertig durchgebacken.
- ♥ Das Brot nach dem Backen auf einen Rost oder ein Kuchengitter stürzen und abkühlen lassen.

GRUNDREZEPTE

Da der individuellen Fantasie keine Grenzen gesetzt sein sollen und natürlich unsere Rezepte in den Küchen unserer Leser*innen vielfältige Belagvariationen erfahren dürfen, haben wir die in diesem Buch verwendeten Teige im folgenden Kapitel zusammengefasst. Unsere Grundrezepte sind so geschrieben, dass sie unkompliziert herzustellen sind. Es sollen keine große Mühe und Aufwand entstehen, evtl. sogar für einen Vorrat reichen, den man auch sehr gut einfrieren kann.

Sauerteig

ZUTATEN

350 g Mehl (z. B. Dinkelmehl Type 630 oder
Roggenmehl Type 1050)

ZUBEREITUNG

1. TAG

100 g Mehl mit 100 ml lauwarmem Wasser in einer großen
Schüssel gut durchrühren. Die Mischung mit einem Tuch
abdecken und 12 Stunden ruhen lassen. Nochmals umrühren und weitere 12 Stunden ruhen lassen.

2. TAG

50 g Mehl mit 50 ml lauwarmem Wasser zu dem Teig
hinzufügen und gut durchrühren (durchschlagen). Die
Mischung mit einem Tuch abdecken und 24 Stunden
ruhen lassen. Im Laufe dieses Tages sollte in Abhängig-
keit zur Temperatur langsam der Gärprozess einsetzen.
Der Teig sollte intensiv säuerlich nach Hefe riechen. Der
saure Geruch nimmt nach einigen Tagen wieder etwas
ab. Sollte das nicht der Fall sein, keine Panik, das kann
noch kommen. Gut Ding will Weile haben.

3. TAG

100 g Mehl mit 100 ml lauwarmem Wasser zum Teig hinzufügen. 12 Stunden ruhen lassen, dann noch einmal durchrühren. Die Mischung wieder mit einem Tuch abdecken und weitere 12 Stunden ruhen lassen. Der Geruch sollte jetzt hin zu Hefe bzw. saurer Milch gehen und sich damit deutlich vom Ausgangspunkt unterscheiden.

4. TAG

100 g Mehl mit 100 ml Wasser zum Teig geben und gut durchrühren (durchschlagen). Die Mischung mit einem Tuch abdecken und 24 Stunden ruhen lassen.

5. TAG

Geschafft! Das Anstellgut ist fertig und der Teig kann verbacken werden. Zuvor 100 g davon abnehmen und in einem Schraubglas verschlossen im Kühlschrank aufbewahren. Beim nächsten Backen kann man sich damit 3 Tage Vorbereitung sparen: der Masse einfach die jeweilige Menge Mehl und Wasser hinzufügen und 24 Stunden gehen lassen.

Hefeteig

ZUTATEN FÜR **1 PORTION**

20 g frische Hefe
250 ml Milch
1 TL Zucker
500 g Mehl (z. B. Dinkel- oder Weizenmehl)
1 Ei
80 g weiches Fett (Butter oder Olivenöl)
Salz
Geschmackszutaten (nach Belieben)

ZUTATENVARIANTE: **VEGAN**

20 g frische Hefe
250 ml Sojadrink
1 TL Zucker
500 g Mehl (z. B. Weizen- oder Dinkelmehl)
80 g vegane Margarine
Salz
Geschmackszutaten (nach Belieben)

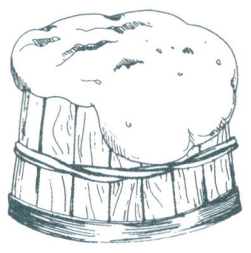

ZUBEREITUNG

1. Die Hefe in der lauwarmen Milch (bzw. im lauwarmen Sojadrink) oder in lauwarmem Wasser zerbröseln und mit dem Zucker verrühren. Das Mehl in eine Schüssel sieben. Das Ei (für die vegane Variante weglassen), das weiche Fett, 1 TL Salz und Geschmackszutaten nach Belieben zugeben. Alle Zutaten gut verkneten, bis sich der Teig von der Schüsselwand löst und Blasen wirft.

2. Die Schüssel mit einem feuchten Tuch abdecken, damit sich keine Kruste auf dem Teig bildet. Den Teig an einem warmen Ort gehen lassen, bis sich sein Volumen verdoppelt hat (ca. 30 Minuten). Bevor der Hefeteig weiterverarbeitet wird, noch einmal gut durchkneten. Den Teig dann je nach Rezept formen und noch einmal mindestens 30 Minuten gehen lassen.

ZUBEREITUNGSVARIANTE: VORTEIG

1. Wer auf Nummer sicher gehen möchte, kann vor dem Kneten und Gehen einen Vorteig machen. Dafür die Milch (bzw. den Sojadrink) und den Zucker lauwarm erwärmen, die Hefe hineinbröseln und unter Rühren darin auflösen. Das Mehl in eine Schüssel sieben und in die Mitte eine Mulde hineindrücken.

2. Die Hefemischung in die Mulde geben und mit etwas Mehl vom Rand bestäuben.

3. Den Vorteig mit einem feuchten Tuch abdecken und an einem warmen Ort ca. 15 Minuten gehen lassen. Anschließend mit den restlichen Zutaten gut durchkneten und weiter gehen lassen, bis der Teig sein Volumen verdoppelt hat (ca. 30 Minuten). Den Teig dann je nach Rezept formen und noch einmal mindestens 30 Minuten gehen lassen.

Mürbeteig

Den Mürbeteig so kurz wie möglich kneten, sonst wird er brandig und verliert seine Bindung.

ZUTATEN FÜR 1 PORTION

250 g Mehl (z. B. Weizenmehl Type 405)
Salz
125 g kalte Butter
1 Eigelb
2 EL Eiswasser

ZUTATENVARIANTE: VEGAN

250 g Mehl (z. B. Weizenmehl Type 405)
Salz
125 g kalte vegane Margarine
2 EL Eiswasser

ZUBEREITUNG

1. Das Mehl auf eine Arbeitsfläche geben, zu einem „Hügel" formen und in die Mitte eine Mulde hineindrücken. 1 TL Salz am Rand der Mulde verteilen.

2. Die kalte Butter (bzw. Margarine) würfeln. Mit dem Eigelb (für die vegane Variante weglassen) in die Mulde geben und alles so wenig und kurz wie möglich verkneten, dabei die krümelige Masse ab und zu mit Eiswasser besprengen. Aus den Krümeln eine Kugel formen, diese flach drücken (wie einen dicken Pfannkuchen) und in Frischhaltefolie wickeln. Den Teig 1 Stunde in den Kühlschrank stellen.

Pastetenteig

ZUTATEN FÜR 1 PORTION

450 g Weizenmehl (Type 405)
Salz
200 g weiche Butter
250 g Quark (20 % Fett)

ZUBEREITUNG

1. Mehl, ½ TL Salz (1 ½ TL Salz für die Klassische Sulzpastete) und die Butter mit den Knethaken des Handrührgeräts krümelig verarbeiten.

2. Ca. 3 EL Wasser und den Quark dazugeben und weiter kneten, bis der Teig gut zusammenhält. Den Teig mit den Händen zusammenschieben, er darf nicht mehr geknetet werden. Dann flach drücken und mindestens 30 Minuten kühl stellen.

Flachgedürckt lässt sich der Teig bis zu zwei Monate im Tiefkühlfach aufbewahren.

Pizzateig

ZUTATEN FÜR 2 BACKBLECHE ODER 4 GROSSE PIZZEN

500 g Mehl (Type 550 oder 405)
Salz
1 Pck. Trockenhefe
2 EL Olivenöl

ZUBEREITUNG

1. Das Mehl in die Rührschüssel einer Küchenmaschine geben, dann 1 gestrichenen TL Salz und Trockenhefe hinzugeben. Den Knethaken einsetzen und unter Rühren das Öl und 300 ml lauwarmes Wasser nach und nach dazugeben und ca. 5 Minuten kneten. Der Teig darf nicht mehr an der Rührschüssel kleben.

2. Teig aus der Schüssel nehmen und noch einmal ausgiebig mit den Händen durchkneten. Der Teig ist perfekt, wenn er gerade nicht an den Händen kleben bleibt. Ggf. noch etwas Mehl oder Wasser hinzufügen. Eine Kugel formen und mit einem feuchten Tuch abdecken, ca. 45 Minuten an einem warmen Ort gehen lassen.

3. Vor dem Ausrollen den Pizzateig noch einmal kurz durchkneten.

Tomatensauce

ZUTATEN FÜR 3 GLÄSER À 250 ML

1 kg frische italienische Flaschentomaten
   (alternativ Tomaten aus der Dose)
1 mittelgroße Zwiebel
80 g Butter
Salz

ZUBEREITUNG

Tomaten häuten, entstielen und vierteln. Die Zwiebel schälen und halbieren. Butter in einen breiten Topf geben. Die Tomaten und die Zwiebel mit etwas Salz hinzufügen und offen bei niedriger Hitze 45 Minuten köcheln lassen, dabei gelegentlich umrühren. Zum Schluss die Zwiebelhälften entfernen und die Sauce mit Salz abschmecken.

Die Tomatensauce lässt sich leicht einfrieren.

LEOS SPEZIAL-
Pizzateig

ZUTATEN FÜR **3 PIZZEN** ODER **2 BACKBLECHE**

2 g frische Hefe (ja, das genügt)
500 g Pizzamehl
2 EL Olivenöl (nach Belieben)
10–12 g feines Salz

ZUBEREITUNG

1. 320 ml Wasser in eine große Schüssel geben und die Hefe darin verrühren, bis sie vollständig aufgelöst ist.

2. Erst ca. ein Drittel des Mehls hinzugeben und gut vermengen. Bitte unbedingt spezielles Pizzamehl verwenden – es kann durch den höheren Eiweißgehalt mehr Wasser aufnehmen, was den Teig fluffiger macht. Den Vorgang mit einem weiteren Drittel Mehl wiederholen. Öl und Salz untermischen und das restliche Mehl unterrühren.

3. 15–20 Minuten gut kneten, zu einer schönen Kugel formen, abdecken und für 1 Stunde gehen lassen. Nun den Teig halbieren oder dritteln (je nachdem, ob du 2 Bleche oder 3 runde Pizzen machen willst) und die Teiglinge im Kühlschrank über Nacht gehen lassen.

4. Am nächsten Tag den Teig 3 Stunden vor der Verwendung aus dem Kühlschrank nehmen und nochmals bei Zimmertemperatur gehen lassen. Den Teig nicht mehr kneten, sondern nur mit der Hand in die gewünschte Form ausbreiten, belegen und bei höchster Temperatur im vorgeheizten Ofen backen.

Wer sich und seinen Gästen eine Pizza wie von einer italienischen Pizzeria kredenzen möchte, braucht ein bisschen mehr Zeit sowie einen Tag Vorlauf. Der Mehraufwand lohnt sich! Seit Leo seine Oma Anni zum Pizzaessen eingeladen hatte, bestellt sie Pizza nur noch bei ihrem Enkel.

Pie-Teig

ZUTATEN FÜR 1 PIE-FORM
(Ø 28 cm)

400 g Mehl (Dinkel- oder Weizenmehl),
plus mehr zum Arbeiten
1 EL Zucker
Salz
220 g sehr kalte Butter, plus mehr
für die Form
1 TL Essig

ZUBEREITUNG

1. Mehl mit Zucker und etwas Salz mischen. Die Butter würfeln und kurz mit den Knethaken des Handrührgeräts untermischen, bis die Masse grobkrümelig ist. Dann Essig sowie nach und nach 80–110 ml kaltes Wasser (zu viel macht den Teig zäh-pappig) zugeben. Weiter mischen, bis die Zutaten sich gerade eben zu einem Teig verbinden. Den Teig halbieren, jeweils zu einer runden Scheibe formen, in Frischhaltefolie wickeln und 1 Stunde kalt stellen.

2. Anschließend zwei Blätter Backpapier großzügig auf die Größe der Pie-Form zuschneiden, sodass auch die Ränder bedeckt sind, bemehlen (da der Teig nachher sonst daran kleben bleibt) und die Teigscheiben jeweils darauf ausrollen. Eine Teigplatte mit der Backpapierseite nach oben in die gefettete Pie-Form legen und das Backpapier abziehen. Es darf ruhig etwas Teig überstehen, ggf. können überschüssige Teigreste aber mit einem Messer entfernt werden. Den Teigboden mehrfach mit einer Gabel einstechen.

3. Die jeweilige Füllung gleichmäßig darauf verteilen. Die zweite Teigplatte als Deckel mit der Backpapierseite nach oben darauflegen und das Backpapier abziehen. Teigboden und -deckel zusammendrücken. Den Deckel mehrfach mit der Gabel einstechen, damit später beim Backen Dampf entweichen kann.

Quarkteig

ZUTATEN FÜR 1 PORTION

250 g Mehl
  (z. B. Dinkel- oder Weizenmehl)
250 g Magerquark
250 g Butter
Salz

ZUBEREITUNG

1. Mehl, Quark, Butter und ½ TL Salz zu einer Kugel zusammenkneten. Anschließend den Teig in Frischhaltefolie wickeln und bis zur weiteren Verarbeitung in den Kühlschrank stellen.

2. Damit der Teig blättrig wird, rollt man ihn dann auf spezielle Art aus („Tournieren"):

1. TOUR:

Den Teig ca. 3 mm dick rechteckig ausrollen, in drei Teile falten und ca. 30 Minuten kühl stellen.

2. TOUR:

Den Teig so auslegen, dass die geschlossenen Faltkanten oben und unten liegen. Den Teig nochmals ausrollen, falten und weitere 30 Minuten kühl stellen.

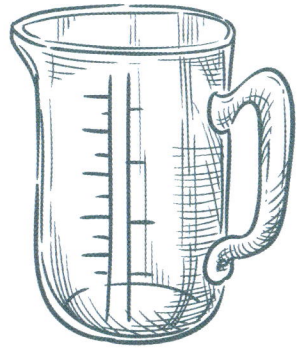

Strudelteig

ZUTATEN FÜR 1 PORTION

250 g Mehl (z. B. Weizenmehl Type 550),
   plus mehr zum Arbeiten
Salz
30 ml neutrales Öl

ZUBEREITUNG

1. Das Mehl in eine Schüssel sieben. 1 TL Salz, Öl und so viel warmes Wasser (ca. 125 ml) zugeben, dass beim Kneten ein geschmeidiger Teig entsteht. Den Teig auf ein bemehltes Brett legen, mit einer angewärmten Schüssel bedecken und gut 30 Minuten ruhen lassen.

2. Ein großes Leinentuch auf die Arbeitsfläche legen und mit Mehl bestäuben. Den Teig darauflegen und so groß wie möglich ausrollen. Mit beiden Handrücken bis zur Mitte unter den ausgerollten Teig fahren und ihn sanft und gleichmäßig so dünn wie möglich ausziehen (so lange ausziehen, bis der Teig so dünn ist, dass man durch ihn hindurch eine daruntergelegte Zeitung noch lesen könnte). Zuletzt eventuelle dicke Ränder abschneiden.

3. Ein Strudeltuch oder großes Geschirrtuch großzügig mit Mehl bestreuen und den Teig vorsichtig darauflegen, sodass eine glatte Fläche entsteht. Die Füllung je nach Rezept entlang einer kurzen Seite verteilen, den Teigrand dabei aussparen. Den Rand der kurzen Seite nach und nach auf die Füllung klappen und durch leichtes Anheben des Geschirrtuchs den Strudel langsam aufrollen. Die Enden vorsichtig mit einer Drehung verschließen und überflüssige Teigränder entfernen. Zum Schluss den Strudel mit Hilfe des Tuchs auf das Backblech gleiten lassen, sodass die Verschlussseite auf dem Backblech aufliegt, und nach Rezept backen.

Brandteig

ZUTATEN FÜR 1 PORTION

Salz
125 g Butter
275 g Mehl (z. B. Dinkelmehl Type 630 oder
    Weizenmehl Type 550)
5 Eier

ZUBEREITUNG

1. 325 ml Wasser in einem Topf aufkochen, der groß genug ist, um später den gesamten Teig aufzunehmen. ½ TL Salz und Butter in das kochende Wasser geben und die Butter schmelzen lassen.

2. Dann das Mehl mit Schwung auf einmal hinzufügen, dabei mit einem Kochlöffel rühren, bis sich alles zu einem glatten Teig verbindet. Sobald sich ein weißer Film am Topfboden zeigt (meist nach ca. 30 Sekunden), den Topf vom Herd nehmen.

3. Den Teig unter Rühren etwas abkühlen lassen. Anschließend nacheinander die Eier hinzufügen und mit einem Kochlöffel einarbeiten, dabei erst dann das nächste Ei dazugeben, wenn das vorige vollständig untergerührt ist. Am Ende sollte ein weicher, glänzender, fester Teig entstanden sein.

TIPP

Das Backblech auf die zweite Schiene von unten einschieben, während der Backofen vorheizt. Vor dem Backen ein wenig Wasser in den Backofen spritzen. Die Feuchtigkeit unterstützt den Brandteig beim Aufgehen, muss aber am Schluss ganz entwichen sein, damit das Gebäck, z. B. ein Windbeutel, trocken ist und nicht gleich zusammenfällt. Die Backofentür nicht zu früh öffnen. Der Brandteig ist eine kleine Diva, er verträgt definitiv keine Kaltluft. Wichtig: Wenn das Brandteiggebäck im Ofen goldgelbe „Kappen" hat, 5 Minuten vor dem Ende der Backzeit einen Holzlöffel in die Ofentür klemmen, damit die Feuchtigkeit ganz entweichen kann.

Blätterteig

ZUTATEN FÜR 1 PORTION

250 g Mehl (z. B. Weizenmehl Type 550)
250 g Butter
Salz

Die Butter,
die in den „Mehlhügel"
gewürfelt wird, sollte nicht
zu kalt sein, denn dann wird
der Teig bröselig. Den Teig
immer nur leicht ausrollen
(nicht mit Druck), dadurch
entsteht die blättrige
Masse.

ZUBEREITUNG

1. Ein Drittel des Mehls hügelförmig auf eine Arbeitsfläche sieben. Die Butter würfeln, in die Mitte des Mehls geben und rasch miteinander zu einem Teig verkneten. Diesen ziegelförmig formen, in Frischhaltefolie wickeln und 30 Minuten kühl stellen.

2. Das restliche Mehl hügelförmig auf eine Arbeitsfläche sieben. In die Mitte des Mehls 1 TL Salz und 50 ml kaltes Wasser geben und rasch zu einem Teig verkneten. Diesen zu einer Kugel formen, in die Mitte ein Kreuz einschneiden und auseinanderfalten, sodass sich ein Viereck ergibt. Den Butter-Mehl-Ziegel aus dem Kühlschrank nehmen und in die Mitte des Vierecks legen. Die rechte und linke Seite der Teigkugel über den Butterziegel legen, dann auch die oberen und unteren Seiten, sodass sich erneut ein Ziegel ergibt. Diesen ca. 15 Minuten kühl stellen.

3. Anschließend den Ziegel zu einem langen Rechteck ausrollen (nur in eine Richtung ausrollen). Die Bahn in der Mitte längs markieren und die Seitenteile bis zur Markierung einschlagen. Den Teigling zu einem Viereck zusammenklappen (so entstehen die blättrigen Butterschichten) und 15 Minuten kühl stellen.

4. Die Bruchstelle des Teigvierecks auf die rechte Seite legen, den Teig erneut zu einem langen Rechteck ausrollen, die Mitte markieren und so weiter verfahren, wie oben beschrieben. Nach jedem Schritt das Blätterteig-Viereck 15 Minuten kühl stellen.

5. Danach die Teigbruchstelle nach oben legen und wie vorher beschrieben weiter verfahren. Diese Arbeitsschritte noch zweimal wiederholen, dabei darauf achten, den Teig von sich weg zu rollen. Den Teig nach jedem Ausrollen 15 Minuten kühl stellen.

BROT & BRÖTCHEN

Der Geruch des Brotes ist der Duft aller Düfte.
Es ist der Urduft unseres irdischen Lebens,
der Duft der Harmonie,
des Friedens und der Heimat.

Jaroslov Seifert (1901–1986)

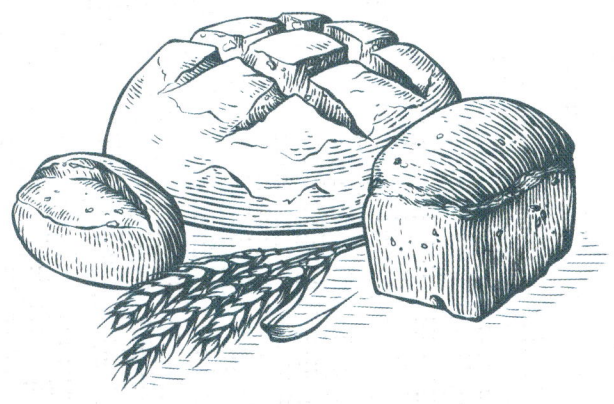

Sauerteig-BROT

ZUTATEN FÜR **2 BROTE**
2 Kastenformen (35 cm Länge)

530 g Anstellgut aus Roggenmehl
   (Type 1150, siehe Seite 10)
270 g Roggenmehl (Type 1150)
800 g Weizenmehl (Type 550),
   plus mehr für die Form
Salz

AUSSERDEM
Fett für die Formen

ZUBEREITUNG

1. Anstellgut mit den beiden Mehlen, 24 g Salz und 600 ml Wasser mit der Küchenmaschine ca. 10 Minuten kneten. Den Teig mit einem Tuch abdecken und 30 Minuten gehen lassen. Anschließend mit der Hand nochmals durchkneten und halbieren.

2. Zwei Kastenformen fetten und bemehlen. Den Teig darin verteilen, mit einem Tuch abdecken und 2 Stunden gehen lassen.

3. Den Backofen auf 250 °C vorheizen.

4. Dann die Oberfläche der Teiglinge einschneiden und die Brote im heißen Ofen 10 Minuten (Mitte) backen. Danach die Temperatur auf 200 °C reduzieren und die Brote in 50 Minuten fertig backen.

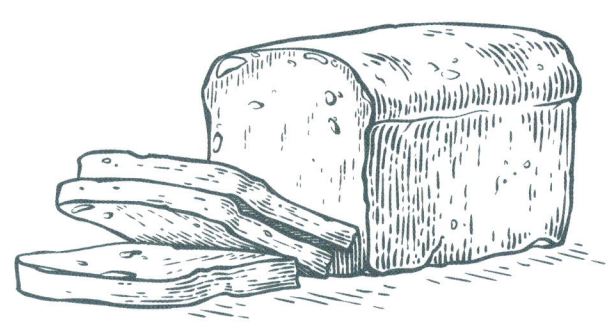

Bierbrot

ZUTATEN FÜR 1 BROT
1 Kastenform (35 cm Länge)

1 Würfel frische Hefe (42 g)
250 ml Milch
2 TL Zucker
500 g Dinkelmehl (Type 630)
300 g Roggenmehl (Type 1150)
200 g Dinkelvollkornmehl
Salz
700 ml zimmerwarmes helles Bier
50 g Honig

AUSSERDEM
Fett für die Form

ZUBEREITUNG

1. Den Backofen auf 230 °C vorheizen und eine feuerfeste Schale mit Wasser auf den Ofenboden stellen.

2. Die Hefe zerbröseln, in 250 ml warmem Wasser, Milch und Zucker auflösen. Die Mehle, 2 EL Salz, Hefemischung und Bier in einer Schüssel gut verkneten. Der Teig sollte sich gut von der Schüsselwand lösen. Die Schüssel mit einem Tuch abdecken und den Teig 45 Minuten gehen lassen.

3. Anschließend den Teig nochmals gut durchkneten, in die gefettete Kastenform geben und 30 Minuten gehen lassen.

4. Das Brot im heißen Ofen (Mitte) 15 Minuten backen. Danach die Temperatur auf 180 °C reduzieren und das Brot in weiteren 45 Minuten fertig backen.

Buttermilchbrot
AUS HEFETEIG

ZUTATEN FÜR 1 BROT
1 Kastenform (35 cm Länge)

300 ml Buttermilch
1 Würfel frische Hefe (42 g)
2 TL Zucker
500 g Mehl (z. B. Weizenmehl Type 550),
  plus mehr zum Arbeiten
Salz
4 EL Olivenöl
3 EL Haferflocken, plus mehr für die Form

AUSSERDEM
Butter für die Form

ZUBEREITUNG

1. Die Buttermilch lauwarm erhitzen und die zerbröckelte Hefe und den Zucker darin auflösen. Mehl und 2 TL Salz in einer großen Schüssel mischen. Hefemischung und Olivenöl zugeben und alles rasch zu einem glatten Teig verkneten. Den Teig mit einem feuchten Tuch abdecken und an einem warmen Ort 1 Stunde gehen lassen.

2. Anschließend die Kastenform fetten und mit Haferflocken ausstreuen. Den Hefeteig auf einer bemehlten Arbeitsfläche auskneten und in die Form geben. Mit einem feuchten Tuch abdecken und an einem warmen Ort 15 Minuten gehen lassen.

3. In der Zwischenzeit den Backofen auf 200 °C vorheizen.

4. Die Form in den heißen Ofen (Mitte) schieben, eine feuerfeste Schale mit Wasser auf den Ofenboden stellen und das Brot 15 Minuten backen. Danach die Temperatur auf 180 °C reduzieren und das Brot in weiteren 25–30 Minuten fertig backen.

Das Buttermilchbrot ist superlecker zum Frühstück!

ANNIS
Lieblingsbrot

„Mei, Annerl, dass du koa Vollkornbrot vertragst,
des gibt's doch gar ned. Das ändere ich jetzt!"

Mein Lebensgefährte Georg hatte viele Talente. Er war ein begnadeter
Saxophonspieler und ein wandelndes Jazz-Lexikon. Noch dazu war
er ein ehrgeiziger Skifahrer und Rennradler, der bis ins hohe Alter mit
seinem Eddy-Merckx-Rad Strecken zurücklegte, die dem einen oder
anderen E-Biker zu viel wären. Er hatte aber auch in seinen jüngsten
Jahren eine Bäckerlehre absolviert und sich plötzlich wieder daran
erinnert. Spontan entschied sich Georg, für mich ein Sonnenblumen-
Vollkornbrot zu backen. Seine Idee: Die 6-Korn-Mischung, über Nacht
eingeweicht, sollte bewirken, dass das Brot für mich verträglich wird.
Und tatsächlich: Ich habe Georgs Brot nicht nur sehr gut vertragen,
sondern es geliebt!

GEORGS SONNENBLUMEN-
Kastenbrot

ZUTATEN FÜR **1 BROT**
1 Kastenform (35 cm Länge)

100 g geschrotete 6-Korn-Mischung
   (aus dem Bio-Laden)
250 g grober Roggenschrot
650 g Roggenmehl (Type 1150)
350 g Weizenmehl (Type 550),
   plus mehr zum Arbeiten
1 ½ Pck. Sauerteigextrakt (23 g;
   aus dem Bio-Laden)
2 EL Gerstenmalzsirup (aus dem
   Bio-Laden)
1 Würfel frische Hefe (42 g)
125 g Sonnenblumenkerne
Salz

AUSSERDEM
Fett für die Form
Roggenschrot für die Form
Öl zum Arbeiten

Das Brot erst am nächsten Tag anschneiden, dann ist es stabiler und lässt sich leichter schneiden. Und es schmeckt besser, denn dann haben sich die Aromen perfekt entwickelt.

ZUBEREITUNG

1. Am Abend vor dem Backtag die 6-Korn-Mischung mit dem Roggenschrot in 350 ml Wasser quellen lassen.

2. Am Backtag Roggen- und Weizenmehl mit Sauerteigextrakt und 150 ml Wasser in einer Schüssel mischen und 15 Minuten quellen lassen. Dann in die Mitte der Mischung eine Mulde drücken. Den Sirup mit der Hefe und 450 ml lauwarmem Wasser verrühren, bis sich die Hefe aufgelöst hat. Die Masse in die Mulde geben und mit etwas Mehl vom Rand bestreuen. 6-Korn-Mischung und Roggenschrot abgießen und sehr gut abtropfen lassen, dann mit 100 g Sonnenblumenkernen und 30 g Salz zum Teigansatz hinzufügen und alles mit der Küchenmaschine 6–7 Minuten verkneten. Den Teig auf einer bemehlten Arbeitsfläche zu einer Kugel formen. Diese in eine Schüssel geben, mit einem Tuch abdecken und 3 Stunden gehen lassen.

3. Die Kastenform fetten und mit Roggenschrot ausstreuen. Den Teig auf einer bemehlten Arbeitsfläche gut kneten (er darf nicht kleben). Zu einem 35 cm langen Strang formen und in die Kastenform legen. Den Teigling mit Wasser bestreichen, mit den restlichen Sonnenblumenkernen bestreuen und diese leicht andrücken. Die Form mit einer eingeölten Frischhaltefolie abdecken und den Teig an einem warmen Ort 1 Stunde gehen lassen.

4. Den Backofen auf 200 °C vorheizen und eine feuerfeste Schale mit kochendem Wasser in den Ofen stellen (darauf achten, dass in der Schale immer Wasser ist, ggf. nachgießen).

5. Die Folie entfernen. Den Teigling mit einem scharfen Messer längs einschneiden und in der Form auf den Rost auf die zweite Schiene von unten einschieben, dabei die Ofentür nur kurz öffnen. Das Brot im heißen Ofen 10 Minuten backen. Danach die Temperatur auf 180 °C reduzieren und das Brot weitere 55 Minuten backen, bis es eine goldbraune Farbe hat. Anschließend die Form aus dem Ofen nehmen und 2–3 Minuten auf ein feuchtes Tuch stellen. Das Brot auf den Rost stürzen und mit der Oberseite nach unten in weiteren 10 Minuten fertig backen.

Dreikorn-BROT

ZUTATEN FÜR 2 BROTE

FÜR DEN VORTEIG

25 g Hefe
120 g Weizenmehl (Type 405)
80 g Roggenmehl (Type 997)

FÜR DEN HAUPTTEIG

100 g Leinsamen
1 EL Öl
Salz
360 g Weizenmehl (Type 405)
240 g Roggenmehl (Type 997)
100 g Haferflocken
Milch zum Bestreichen
100 g Sesam

ZUBEREITUNG

1. Für den Vorteig am Vortag die Hefe mit 200 ml lauwarmem Wasser glatt rühren. Die beiden Mehle mischen und in eine Schüssel sieben. Die Hefemasse dazugeben und alles zu einem Vorteig verrühren. Die Schüssel mit einem Tuch abdecken und den Vorteig bei Zimmertemperatur mindestens 24 Stunden ruhen lassen. Für den Hauptteig am Vortag die Leinsamen in 150 ml über Nacht einweichen.

2. Am Backtag das Öl sowie 300 ml Wasser auf 37 °C erhitzen und dann in eine große Schüssel geben. Eingeweichte Leinsamen, Vorteig, 1 ½ TL Salz, beide Mehle und Haferflocken hinzufügen und zu einem Teig verkneten. Den Teig mit einem Tuch abdecken und ca. 45 Minuten gehen lassen.

3. Den Teig nochmals gut durchkneten und zu zwei ovalen Laiben formen. Diese mit Milch bestreichen und im Sesam rollen. Die Laibe auf ein mit Backpapier ausgelegtes Backblech setzen, mit einem Tuch abdecken und nochmals ca. 30 Minuten gehen lassen.

4. In der Zwischenzeit den Backofen auf 220 °C vorheizen und eine feuerfeste Schale mit Wasser auf den Boden des Ofens stellen.

5. Die Brote im heißen Ofen (unten) 15 Minuten vorbacken. Dann die Temperatur auf 180 °C reduzieren und die Brote ca. 40 Minuten weiter backen, bis sie goldbraun sind.

REGINAS
Krustenbrot

ZUTATEN FÜR **4 BROTE**

4 g Zucker
20 g frische Hefe
1 kg Weizenmehl (Type 550;
   alternativ Dinkelmehl Type 630),
   plus mehr zum Arbeiten
Salz

ZUBEREITUNG

1. Am Vortag den Zucker in 800 ml kaltem Wasser auflösen. Die Hefe hinzufügen und gut vermischen. Das Mehl und 24 g Salz zu der Hefeflüssigkeit geben und alles zu einem glatten Teig vermischen. Den flüssigen Teig mit einem Gummispachtel in eine große Schüssel füllen, mit Frischhaltefolie abdecken und im Kühlschrank 24 Stunden gären lassen.

2. Am Backtag den Backofen samt Blech auf 250 °C (Umluft) vorheizen. Eine feuerfeste Schale mit 100 ml Wasser auf den Ofenboden stellen.

3. Den Teig auf eine mit viel Mehl bestäubte Arbeitsfläche geben. Den Teig oben leicht bemehlen, damit er einfacher angefasst werden kann. Mit einem Spachtel den Teig in vier gleich große Stücke teilen.

4. Die Teiglinge leicht drehen und auf das sehr heiße Backblech legen, das Blech in den heißen Ofen (Mitte) einschieben und die Ofentür schnell schließen. Die Brote 10 Minuten backen. Dann die Temperatur auf 230 °C reduzieren und die Brote ca. 20 Minuten weiterbacken, bis die gewünschte Bräune erreicht ist.

Die geformten Teigstücke oben statt mit Mehl mit Mohn und/oder Sesam bestreuen. Für Brötchen statt Brote einfach kleinere Stücke vom Teig abstechen und wie beschrieben backen.

Dinkel-TOASTBROT

ZUTATEN FÜR 1 BROT
1 Kastenform (25 cm Länge)

375 g Dinkelvollkornmehl
300 g Dinkelmehl (Type 630),
   plus mehr zum Arbeiten
30 g frische Hefe
1 ½ EL flüssiger Honig
375 ml Milch
Salz
60 g Butter, plus mehr für die Form

ZUBEREITUNG

1. Beide Mehle in eine Schüssel sieben. Hefe und Honig in handwarmer Milch auflösen. Hefemilch, ½ TL Salz und Butter zur Mehlmischung geben. Alles mit den Knethaken des Handrührgeräts in 5 Minuten zu einem geschmeidigen Teig verkneten. Den Teig mit den Händen auf einer Arbeitsfläche zu einer Kugel formen und in der Schüssel abgedeckt 30 Minuten gehen lassen.

2. Den Teig nochmals auf der bemehlten Arbeitsfläche gut durchkneten, zu einer Kugel formen und 10 Minuten gehen lassen.

3. Die Kastenform fetten und dünn mit Mehl ausstreuen. Die Teigkugel mit dem Nudelholz auf 25 x 25 cm ausrollen. Das Teigblatt mit den Händen aufrollen. Die Teigrolle mit der Nahtseite nach unten in die Kastenform legen und abgedeckt 1 Stunde gehen lassen.

4. In der Zwischenzeit den Backofen auf 180 °C (Umluft) vorheizen.

5. Eine feuerfeste Schale mit Wasser auf den Ofenboden stellen und das Toastbrot im heißen Ofen (unten) ca. 40 Minuten backen.

Das Toastbrot schmeckt getoastet, aber auch ungetoastet sehr lecker.

ROSIS
Knäckebrot

ZUTATEN FÜR **2 BLECHE**

100 g Dinkelmehl (z. B. Type 630)
130 g Haferflocken
130 g Sesam (alternativ Leinsamen,
   Sonnenblumenkerne oder Kürbiskerne)
Salz
50 ml Öl

ZUBEREITUNG

1. Den Backofen auf 160–170 °C vorheizen.

2. Mehl, Haferflocken, Sesam und 1 ½ TL Salz mit dem Öl und 400 ml Wasser zu einem Teig vermischen. Den Teig halbieren, die Portionen jeweils gleichmäßig auf ein mit Backpapier ausgelegtes Backblech streichen und 20 Minuten backen.

3. Anschließend den Teig in knäckebrotgroße Stücke schneiden und nochmals 20 Minuten backen.

KARIN UND IHR
Schinkenbrot

Ich weiß, dass ich immer ein Bett in Bünde habe: Karin ist meine beste Freundin aus meiner Heimatstadt. Dort kennt sie Gott und die Welt, ist engagiert im Außendienst der Kirche und hilft stets, wo sie nur kann. So unterstützte sie mich auch bei der Betreuung meiner Mutter, als diese ihren Lebensabend erreichte – dafür bin ich ihr sehr dankbar.

Karin war früher mit Begeisterung Schneidermeisterin von Brautkleidern und kocht und backt für ihr Leben gern. In der Nachbarschaft und im Freundeskreis steht sie hoch im Kurs, da sie immer gewünschte Geburtstagskuchen oder Hochzeitstorten zaubert. Auch zu Hause empfängt sie gerne Gäste. Sie liebt es, die Kaffeetafel zu dekorieren, immer passend zur jeweiligen Jahreszeit. Doch Karin bietet nicht nur süße Leckereien an, sondern gerne auch einmal etwas Herzhaftes. So kam Karin auf die Idee, dieses Schinkenbrot mit auf den Tisch zu stellen – und wir dürfen euch nun ihr Rezept verraten!

KARINS
Schinken-Käse-Brot

ZUTATEN FÜR 1 BROT
1 Kastenform (35 cm Länge)

250 g Mehl (z. B. Weizenmehl Type 550)
125 ml Raps- oder Sonnenblumenöl
125 ml trockener Weißwein
1 Würfel frische Hefe (42 g)
4 Eier
250 g rohe Schinkenwürfel
150 g geriebener mittelalter Käse

AUSSERDEM
Fett für die Form

ZUBEREITUNG

1. Den Backofen auf 200 °C vorheizen.

2. Mehl, Öl, Weißwein, Hefe und Eier zu einem Teig verrühren. Dann Schinken und Käse unterheben.

3. Den Teig in die gefettete Kastenform geben (dieser Hefeteig muss nicht gehen). Das Brot im heißen Ofen (Mitte) 50 Minuten backen (Stäbchenprobe machen).

Das Brot schmeckt sowohl mit Butter bestrichen als auch ohne hervorragend. Es ist außerdem immer ein super Ersatz für süßes Gebäck. Und einfrieren lässt es sich auch!

Kartoffel-BROT

ZUTATEN FÜR **2 BROTE**

500 g mehligkochende Kartoffeln
30 g frische Hefe
50 ml Milch
1 TL Zucker
200 g Walnusskerne
200 g Haselnusskerne
500 g Weizenmehl (Type 405)
Salz
5 g gemahlener Koriander
1 Ei

ZUBEREITUNG

1. Die Kartoffeln schälen, waschen und in Salzwasser gar kochen. Die Hefe mit Milch und Zucker in 150 ml warmem Wasser auflösen. Die Nüsse in einer Pfanne ohne Fett vorsichtig rösten. Das Mehl in eine Schüssel geben. 15 g Salz, Koriander und geröstete Nüsse hinzufügen. Die Kartoffeln mit einer Kartoffelpresse in die Mehlmischung pressen. Das Ei, die aufgelöste Hefe und weitere 50 ml Wasser dazugeben und alles zu einem kompakten Teig verkneten. Den Teig abgedeckt 1 Stunde gehen lassen.

2. Anschließend daraus zwei Laibe formen, diese auf ein mit Backpapier ausgelegtes Backblech legen und nochmals abgedeckt 1 Stunde gehen lassen.

3. In der Zwischenzeit den Backofen auf 220 °C (Umluft) vorheizen und eine feuerfeste Schale mit Wasser auf den Ofenboden stellen.

4. Die Brote auf dem Backblech im heißen Ofen (Mitte) in 30 Minuten knusprig braun backen.

Zucchini-Kartoffel-BROT

ZUTATEN FÜR 1 BROT

250 g mehligkochende Kartoffeln
Salz
250 g Zucchini
550 g Dinkelmehl (Type 630)
250 g Dinkelvollkornmehl
½ Würfel frische Hefe (21 g)
5 EL Olivenöl

ZUBEREITUNG

1. Die Kartoffeln gründlich waschen und in kochendem Salzwasser gar kochen, dann abgießen und ausdampfen lassen. Die Zucchini waschen, putzen und grob raspeln. Die abgekühlten Kartoffeln pellen und ebenfalls grob raspeln.

2. Die zwei Dinkelmehle in eine Rührschüssel geben und in die Mitte eine Mulde hineindrücken. Hefe und 1 TL Salz in etwas lauwarmem Wasser auflösen und die Mischung in die Mulde geben. 450 ml lauwarmes Wasser zugießen und alles mit den Knethaken der Küchenmaschine in 5–6 Minuten zu einem glatten Teig kneten. Anschließend Kartoffeln und Zucchini mit dem Olivenöl unterkneten. Den Hefeteig abgedeckt an einem warmen Ort 1 Stunde gehen lassen.

3. In der Zwischenzeit den Backofen auf 240 °C vorheizen und kurz vor Gehzeitende einen Schmortopf (Ø 28 cm) mit Deckel auf einem Rost in den Ofen (unten) schieben und erwärmen.

4. Den Topf aus dem Backofen nehmen. Den Hefeteig mithilfe einer Teigkarte aus der Rührschüssel lösen, in den Schmortopf gleiten lassen und den Deckel aufsetzen. Das Brot 45 Minuten backen, dabei nach 30 Minuten den Deckel abnehmen und dann das Brot offen weiter backen, bis es goldbraun ist.

5. Das fertige Brot aus dem Schmortopf nehmen und auf einem Kuchengitter abkühlen lassen.

Rosmarinbrot
AUS HEFETEIG

ZUTATEN FÜR 1 BROT

25 g frische Hefe
1 kg Weizenmehl (Type 550)
Salz
Olivenöl zum Arbeiten
1 großzügige Handvoll kleiner
  Rosmarinzweige

Das Rosmarinbrot in Scheiben schneiden und rösten, so schmeckt es noch würziger.

ZUBEREITUNG

1. Die Hefe zerbröckeln und in einer großen Schüssel in 650 ml lauwarmem Wasser auflösen. 500 g Mehl zugeben und mit einem Kochlöffel zu einem glatten dicken Teig (Konsistenz ähnlich wie Pfannkuchenteig) verrühren.

2. Den Teig mit einem feuchten Tuch abdecken und an einem warmen Ort 45 Minuten gehen lassen. Anschließend das restliche Mehl mit 1 EL Salz unterkneten, bis der Teig ganz glatt ist. Den Teig in eine warme, geölte Schüssel legen und mit Öl bestreichen. Die Schüssel mit einem feuchten Tuch abdecken und den Teig an einem warmen Ort weitere 45 Minuten gehen lassen. Dann den Teig gut durchkneten und danach mit Olivenöl einpinseln. Diesen Schritt noch zweimal wiederholen.

3. Ein Backblech mit Backpapier auslegen und Hände sowie Backpapier einölen. Den Teig noch einmal gut durchkneten und zu einem runden Laib formen. Auf das Backblech legen und nochmals großzügig mit Olivenöl bestreichen. Den Teig mit Frischhaltefolie abdecken und an einem warmen Ort so lange gehen lassen, bis sich sein Volumen um ein Drittel vergrößert hat.

4. In der Zwischenzeit den Backofen auf 200 °C vorheizen. Die Rosmarinzweige waschen und trocken schütteln.

5. Dann die Folie entfernen und mit eingeölten Fingern kleine Vertiefungen in den Teig drücken. Die Rosmarinzweige in die Vertiefungen stecken. Das Brot im heißen Ofen in 60 Minuten goldbraun backen, dabei nach 45 Minuten kontrollieren.

Kräuter-ZUPFBROT

ZUTATEN FÜR 1 ZUPFBROT
1 Kastenform (25 cm Länge)

1 Portion Hefeteig (siehe Seite 12;
  z. B. aus Weizenmehl Type 550)
1 Bund glatte Petersilie
1 Knoblauchzehe
1 Bund Schnittlauch
125 g weiche Butter
Salz
frisch gemahlener Pfeffer
100 g Pecorino

AUSSERDEM
Mehl zum Arbeiten

ZUBEREITUNG

1. Teig nach Grundrezept zubereiten und 30 Minuten gehen lassen.

2. Die Petersilie waschen, trocken schütteln und die Blättchen abzupfen. Den Knoblauch schälen und zusammen mit der Petersilie fein hacken. Den Schnittlauch waschen, trocken schütteln und in feine Röllchen schneiden. Die Butter mit den Quirlen des Handrührgeräts cremig-weiß aufschlagen. Knoblauch, gehackte Kräuter, etwas Salz und Pfeffer unterrühren. Den Pecorino fein reiben.

3. Den Teig auf einer bemehlten Arbeitsfläche zu einem Rechteck (45 x 35 cm) ausrollen. Die Kräuterbutter auf dem Teig verteilen und gleichmäßig verstreichen. Mit 75 g geriebenem Käse bestreuen. Das Teigblatt in Streifen von der Breite der Kastenform schneiden. Die Teigstreifen übereinanderlegen und mit einem scharfen Messer in vier gleich große Stücke schneiden. Die Teigstücke hochkant in die Kastenform schichten und abgedeckt 30 Minuten gehen lassen.

4. In der Zwischenzeit den Backofen auf 180 °C vorheizen.

5. Anschließend den übrigen Käse auf die Stücke streuen. Das Brot im heißen Ofen auf der zweiten Schiene von unten 35 Minuten backen, dabei nach 20 Minuten mit Backpapier abdecken. Das fertige Brot in der Form 15 Minuten abkühlen lassen, dann vorsichtig herauslösen.

Das Brot am besten lauwarm servieren. Dazu passt ein gekühltes Bier oder gekühlter Wein.

Pesto-Brot
MIT OLIVEN-ZIEGENKÄSE-DIP

ZUTATEN FÜR **1 BROT**

FÜR DEN TEIG

1 Portion Hefeteig (siehe Seite 12;
   z. B. aus Weizenmehl Type 405)

FÜR DIE FÜLLUNG

100 g Pinienkerne
1 Bund Basilikum
1–2 Knoblauchzehen
2 EL geriebener Parmesan
1 TL Zitronensaft
150 ml Olivenöl

FÜR DEN DIP

2 Zweige Rosmarin
150 g grüne Oliven
   (ohne Stein)
300 g Ziegenfrischkäse
100 g Joghurt
1 EL Zitronensaft
2 EL Honig
Salz
frisch gemahlener
   schwarzer Pfeffer

ZUBEREITUNG

1. Den Hefeteig nach Grundrezept zubereiten, zu einem Rechteck (40 x 30 cm) ausrollen und auf ein mit Backpapier ausgelegtes Backblech legen.

2. Den Backofen auf 180 °C vorheizen.

3. Für die Füllung die Pinienkerne in einer Pfanne ohne Fett anrösten. Das Basilikum waschen und trocken schütteln. Den Knoblauch schälen. Pinienkerne, Basilikum und Knoblauch mit den übrigen Zutaten in den Standmixer geben und zu einem Pesto mixen. Das Pesto auf den Teig streichen, diesen aufrollen und nochmals 20 Minuten gehen lassen.

4. Anschließend die Rolle mehrmals einritzen. Das Brot im heißen Ofen (Mitte) in 35 Minuten goldbraun backen.

5. Für den Dip Rosmarin waschen, trocken schütteln, Nadeln abzupfen und sehr fein hacken. Die Oliven gut abtropfen lassen und in Scheiben schneiden. Ziegenfrischkäse, Joghurt, Zitronensaft und Honig verrühren. Rosmarin und Oliven zugeben und gut verrühren. Zuletzt den Dip mit Salz und Pfeffer abschmecken.

Den Oliven-Ziegenkäse-Dip in den Kühlschrank stellen und kalt zum Brot servieren.

Osterschinken
IM BROTTEIG

ZUTATEN FÜR 1 SCHINKEN

FÜR DEN SCHINKEN

2 Zwiebeln
1,8–2 kg gepökelter
  Schweineschinkenbraten
2 Lorbeerblätter
4 Wacholderbeeren
1 EL schwarze Pfefferkörner

FÜR DEN BROTTEIG

1 Packung Brotbackmischung
  „Bauernbrot mit Hefe" (z. B.
  Bauernkruste von Aurora, 500 g)
Mehl zum Arbeiten
2 EL mittelscharfer Senf

FÜR DIE KRÄUTERSAUCE

je 1 Bund Schnittlauch, Petersilie, Dill
100 g Salatmayonnaise
250 g Joghurt (3,5 % Fett)
Salz
Pfeffer

ZUBEREITUNG

1. Für den Schinken die Zwiebeln schälen und grob würfeln. Den Schweineschinkenbraten in einen großen Topf geben und mit so viel Wasser auffüllen, dass der Schinken damit bedeckt ist. Zwiebeln und Gewürze hinzufügen. Alles zugedeckt 90 Minuten köcheln lassen.

2. Für den Brotteig 340 ml lauwarmes Wasser zur Backmischung geben. Mit den Knethaken des Handrührgeräts in 5 Minuten zu einem geschmeidigen Teig kneten. Den Teig abdecken und an einem warmen Ort 30 Minuten gehen lassen.

3. Den Backofen nach Packungsanweisung vorheizen.

4. Braten aus dem Topf nehmen und kurz abkühlen lassen. Den Teig mit den Händen nochmals durchkneten, mit wenig Mehl bestreuen und auf die doppelte Bratengröße ausrollen. Braten trocken tupfen, auf die Mitte der Teigplatte setzen und mit dem Senf bestreichen. Die Teigränder rundum mit wenig Wasser bestreichen. Den Schinken in den Brotteig einschlagen und die Ränder gut zusammendrücken.

5. Ein Backblech mit Backpapier auslegen. Den eingeschlagenen Schinken darauflegen und den Teig abgedeckt 30 Minuten gehen lassen. Anschließend im Backofen nach Packungsanweisung backen.

6. Für die Sauce die Kräuter waschen, trocken schütteln und mit der Mayonnaise pürieren. Den Joghurt unterrühren. Zuletzt die Sauce mit Salz und Pfeffer abschmecken. Den Osterschinken im Brotteig aufschneiden und mit der Kräutersauce anrichten.

Dazu passt
ein gekühltes Bier
wunderbar.

Roberts Gedicht
VOM BROT

Brot backen bereitet Freude und macht Spaß.
Es ist einfach, einen Teig zu machen,
es entsteht etwas Sinnvolles,
es riecht gut beim Backen,
jedes Brot ist individuell,
es schmeckt gut,
es ist teilbar.

Körnerbrötchen
AUS HEFETEIG

ZUTATEN FÜR 12 BRÖTCHEN

450 g Weizenmehl (z. B. Type 550),
  plus mehr zum Arbeiten
200 g Roggenmehl (Type 1150)
Salz
1 Pck. Trockenhefe
1 TL Zucker
1 EL Olivenöl
50 ml Milch
1 Handvoll Körner und Samen
  (Kürbiskerne, Leinsamen,
  Sonnenblumenkerne, Sesam)

ZUBEREITUNG

1. Mehle mit 1 TL Salz, Trockenhefe und Zucker in eine Schüssel geben und vermischen. 350 ml lauwarmes Wasser und Öl hinzufügen und alles zu einem glatten Teig verkneten. Den Teig mit einem feuchten Tuch abdecken und an einem warmen Ort 30 Minuten gehen lassen.

2. Anschließend den Teig auf einer bemehlten Arbeitsfläche gut durchkneten. In zwölf gleich große Portionen teilen und zu leicht abgeflachten Kugeln formen. Diese mit Abstand zueinander auf einem mit Backpapier ausgelegten Backblech verteilen und mit einem feuchten Tuch abdecken. Die Kugeln an einem warmen Ort 30 Minuten gehen lassen.

3. In der Zwischenzeit den Backofen auf 180 °C vorheizen und eine feuerfeste Schale mit Wasser auf den Ofenboden stellen.

4. Dann die Kugeln mit lauwarmer Milch bestreichen und mit den Körnern und Samen bestreuen. Die Brötchen im heißen Ofen (Mitte) in 20–25 Minuten goldbraun backen.

Die Brötchen sind eine schöne Überraschung in jedem Brotkorb.

Haselnuss-BRÖTCHEN

ZUTATEN FÜR 15 BRÖTCHEN

80 g Haselnusskerne
20 g frische Hefe
400 g Weizenmehl (z. B. Type 550),
    plus mehr zum Arbeiten
100 g Roggenmehl (Type 1150)
Salz

ZUBEREITUNG

1. Am Vortag die Haselnüsse grob hacken, in eine Schüssel geben, mit 500 ml heißem Wasser übergießen und 30 Minuten ziehen lassen. Danach in ein Sieb abgießen und gut abtropfen lassen.

2. Die Hefe in 350 ml lauwarmem Wasser auflösen. Weizen- und Roggenmehl sowie 15 g Salz in einer großen Schüssel vermischen. In die Mitte der Mehlmischung eine Mulde hineindrücken, die aufgelöste Hefe hineingießen und alles mit den Knethaken des Handrührgeräts zu einem glatten Teig verkneten. Zuletzt die Nüsse kurz unterarbeiten. Die Schüssel mit Frischhaltefolie abdecken und den Teig über Nacht im Kühlschrank gehen lassen.

3. Am Backtag den Backofen mit eingeschobenem Backblech auf 250 °C vorheizen.

4. Den Teig mit etwas Mehl bestäuben, mit einem Esslöffel davon 15 Teigstücke abstechen (nicht mehr kneten) und diese auf das warme, mit Backpapier ausgelegte Backblech geben. Im heißen Ofen auf der zweiten Schiene von unten in 25 Minuten knusprig backen.

Den Teig unbedingt am Vortag zubereiten. Am Backtag selbst rechnet man 4 Stunden für die Herstellung der Brötchen insgesamt (inklusive Kühlzeit) – gut zu wissen, falls sie für Gäste gebacken werden.

Knoblauch-Kümmel-
STANGEN

ZUTATEN FÜR **8 STANGEN**

2 Knoblauchzehen
500 g Dinkelmehl (Type 630),
   plus mehr zum Arbeiten
Salz
½ Würfel frische Hefe (21 g)
1 TL Zucker
6 EL Olivenöl
1–2 EL Kümmelsamen

ZUBEREITUNG

1. Den Backofen auf 180 °C vorheizen.

2. Den Knoblauch schälen und fein hacken. Mehl und 1 ½ TL Salz in einer Schüssel mischen. Hefe und Zucker in 300 ml lauwarmem Wasser auflösen und zur Mehlmischung geben. 4 EL Olivenöl und den Knoblauch hinzufügen und alles zu einem glatten Teig verkneten. Den Teig mit einem Küchenhandtuch abdecken und an einem warmen Ort 45 Minuten gehen lassen.

3. Dann den Teig auf einer bemehlten Arbeitsfläche kurz durchkneten. In acht Portionen teilen und diese zu dünnen Stangen formen. Die Stangen mit ausreichend Abstand auf ein mit Backpapier ausgelegtes Backblech legen, mit einem Küchenhandtuch bedecken und weitere 15 Minuten gehen lassen.

4. Anschließend die Stangen mit einem scharfen Messer mehrfach schräg einschneiden, mit dem Kümmel bestreuen und im heißen Ofen in 20–25 Minuten goldbraun backen.

Die Stangen passen
perfekt am frühen
Abend zum
Dämmerschoppen.

Bayerische BIERSTANGEN

ZUTATEN FÜR **20 STÜCK**

320 g Mehl (z. B. Weizenmehl Type 550),
   plus mehr zum Arbeiten
150 g weiche Butter
Salz
2 Eier
10 g frische Hefe
5 EL Milch
1 Eigelb
grobes Salz
Kümmelsamen zum Bestreuen

ZUBEREITUNG

1. Den Backofen auf 220 °C vorheizen.

2. Das Mehl auf eine Arbeitsfläche sieben, die Butter in Flöckchen darüber verteilen und mit den Händen zerbröseln. ½ TL Salz und Eier hinzufügen. Hefe in der lauwarmen Milch auflösen und 5–10 Minuten gehen lassen. Dann zur Mehlmischung geben und alles zu einem Teig verkneten; sollte er zu weich sein, etwas Mehl zugeben. Den Teig an einem warmen Ort 10–15 Minuten gehen lassen.

3. Anschließend aus dem Teig 1 cm dicke, etwa 15 cm lange Stangen formen. Diese auf ein mit Backpapier ausgelegtes Backblech legen. Das Eigelb verquirlen und die Stangen damit bestreichen. Zuletzt mit dem groben Salz und Kümmel bestreuen.

4. Die Stangen im heißen Ofen 8–12 Minuten backen.

Die knusprigen Stangen schmecken zu einer Maß Bier – mit so einer Grundlage kann man dann auch einen Schnaps dazu besser vertragen.

KUCHEN & CO.

„Warum immer nur süße Kuchen backen?", dachten wir auf einem unserer vielen Spaziergänge, „Lass uns doch mal herzhafte Kuchen backen!"

Binnen kurzer Zeit entwickelte sich ein regelrechter Wettbewerb zwischen uns, wem wieder etwas Neues einfallen würde. Wir kredenzten erst uns gegenseitig und dann auch unseren Freunden unsere jeweiligen Neuentdeckungen. Die ausgelöste Begeisterung war groß.

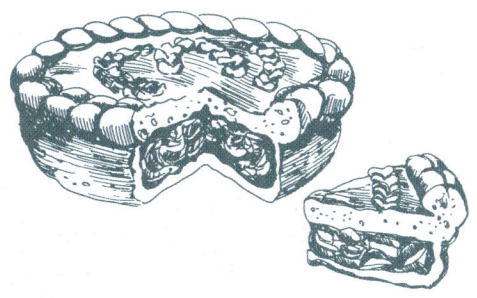

Zwiebelkuchen
AUS HEFETEIG

ZUTATEN FÜR 1 KUCHEN

FÜR DEN KUCHENBODEN
½ Portion Hefeteig
(siehe Seite 12)

FÜR DEN BELAG
20 g Butter
60 g Speck
750 g Zwiebeln
50 g Mehl
3 Eier
250 g saure Sahne
Kümmel (nach Belieben; Samen
oder gemahlen)
Salz

ZUBEREITUNG

1. Für den Kuchenboden den Teig nach Grundrezept zubereiten.

2. Den Backofen auf 180 °C vorheizen und eine feuerfeste Schale mit Wasser auf den Ofenboden stellen.

3. Für den Belag Butter in einer Pfanne schmelzen. Den Speck würfeln und darin andünsten. Die Zwiebeln schälen, grob würfeln, dazugeben und leicht glasig andünsten. Die Masse gut abkühlen lassen, dann die restlichen Zutaten und 1 Prise Salz hinzufügen.

4. Aus dem Teig einen Kuchenboden auf einem Backblech formen und die Speck-Zwiebel-Masse darauf verteilen. Den Zwiebelkuchen im heißen Ofen (Mitte) 20–30 Minuten backen, die Oberfläche sollte goldbraun sein. Dann lauwarm servieren.

Hackkuchen MIT KARTOFFELKRUSTE

ZUTATEN FÜR 1 HACKKUCHEN
Springform (Ø 24 cm)

1 helles Brötchen
1 TL weiche Butter
400 g festkochende Kartoffeln
Salz
Pfeffer
Paprikapulver
2 Zwiebeln
2 Knoblauchzehen
2 Zweige Thymian
1 Bund Petersilie
400 g gemischtes Hackfleisch
2 Eier
1 TL scharfer Senf

ZUBEREITUNG

1. Das Brötchen ca. 10 Minuten in Wasser einweichen. Den Backofen auf 220 °C vorheizen.

2. Backpapier über den Boden der Springform spannen. Boden und Rand mit der weichen Butter einstreichen. Kartoffeln schälen, waschen und in dünne Scheiben hobeln. Scheiben abtupfen und den Springformboden damit auslegen. Kartoffelscheiben mit Salz, Pfeffer und Paprikapulver würzen.

3. Zwiebeln und Knoblauch schälen und würfeln. Thymian und Petersilie waschen, trocken schütteln und hacken. Das Brötchen ausdrücken. Das Hackfleisch mit Eiern, Zwiebeln, Knoblauch, Thymian, Petersilie, Brötchen und Senf vermengen und gut mit Salz, Pfeffer und Paprikapulver würzen.

4. Die Hackmasse auf den Kartoffeln verteilen und glattstreichen. Den Kuchen im heißen Ofen (Mitte) 25 Minuten backen. Auf ein Blech stürzen und unter dem Backofengrill 10 Minuten weiterbacken.

Dazu passt ein grüner Salat und als Getränk ein gekühltes Bier jeglicher Sorte.

EINE
Landpartie

Durch *Kuchentratsch* haben wir die Frohnatur Vroni kennen gelernt, die uns auf ihren Bauernhof im Pfaffenwinkel einlud. Wir ließen uns nicht lange bitten und machten uns an einem schönen Sommertag mit Annis Rennsemmel auf den Weg. Wir nahmen an, das Navi im Kopf zu haben, und fuhren einfach drauf los. Natürlich ist so eine Autofahrt ganz wunderbar zum Ratschen, und wir passten nicht so ganz auf, wie lange wir schon unterwegs waren. Hätten wir nicht schon da sein müssen? Vielleicht war es doch überheblich, nur auf das Kopf-Navi zu vertrauen. Die Landstraße wurde immer länger, und wir begannen, darüber zu diskutieren, ob wir umdrehen sollten, weil wir vielleicht eine Abzweigung verpasst hatten. Doch wir hatten Glück: Die Diskussion dauerte gerade so lange, bis überraschend doch noch der Bauernhof auftauchte und Vroni uns mit offenen Armen herzlich empfing.

Wir als Städter waren überwältigt von dem herrlichen gepflegten Bauerngarten mit Blumen, Kräutern und Gemüsen. Auch Hühner und andere Tiere huschten über das Gelände.

Die Landluft hatte uns hungrig gemacht. Vroni war eine perfekte Gastgeberin und hatte für uns einen genialen Rosenkuchen gebacken. Unsere Begeisterung war so groß, dass wir das Rezept, natürlich mit ihrem Einverständnis, mit in unser Backbuch aufgenommen haben.

Annis kleiner Flitzer wird bestimmt bald wieder einmal zu Vronis Bauernhof finden. Wir sind schon gespannt, was uns Vroni dann kredenzt.

VRONIS PIKANTER
Rosenkuchen

ZUTATEN FÜR **1 AUFLAUFFORM**
(26 cm)

FÜR DEN HEFETEIG
250 g Mehl
Salz
½ Würfel frische Hefe (21 g)
2 EL Rapsöl

FÜR DIE FÜLLUNG
100 g Frischkäse
2 EL Schmand
Salz
Pfeffer

FÜR DIE SAUCE
1 Zwiebel
1 EL Rapsöl
2 EL Tomatenmark
2 Tomaten
Salz
Pfeffer
1 EL gehackte Kräuter

AUSSERDEM
50 g geriebener Bergkäse zum Bestreuen
Fett für die Form

ZUBEREITUNG

1. Für den Hefeteig das Mehl mit ½ TL Salz mischen. Die Hefe darüber bröseln. Öl und 150 ml lauwarmes Wasser zugeben und alles mit den Knethaken des Handrührgeräts gut durchkneten. Den Teig abgedeckt 20 Minuten gehen lassen.

2. Den Backofen auf 180 °C vorheizen.

3. Für die Füllung Frischkäse, Schmand, Salz und Pfeffer verrühren.

4. Für die Sauce die Zwiebel schälen und fein würfeln. In einer Pfanne das Öl erhitzen und die Zwiebeln darin andünsten. Tomatenmark unterrühren. Die Tomaten waschen, putzen, in feine Würfel schneiden, zur Zwiebelmasse geben und kurz mit andünsten. Die Sauce würzen und die Kräuter unterheben.

5. Den Hefeteig dünn zu einem Rechteck ausrollen. Die Füllung darauf verstreichen, den Teig aufrollen und in 5 cm breite Stücke schneiden. Die Stücke mit der Schnittkante nach oben in eine gefettete Auflaufform an den Rand setzen. Die Sauce in die Mitte des Rosenkuchens geben. Den Kuchen im heißen Ofen (Mitte) ca. 40 Minuten backen, dabei 5 Minuten vor Ende der Backzeit mit dem Bergkäse bestreuen. Frisch aus dem Ofen warm servieren.

Dazu passt ein
frischer Salat.

Brezen-Gugelhupf

ZUTATEN FÜR 1 GUGELHUPF
1 Gugelhupfform (Ø 24 cm)

500 ml Milch
6 Brezeln vom Vortag, ohne Salz
2 Brötchen vom Vortag
1 Zwiebel
½ Bund Petersilie
4 Eier
60 g Butter
Salz
Pfeffer

AUSSERDEM
Butter für die Form
Semmelbrösel für die Form

ZUBEREITUNG

1. Den Backofen auf 160 °C vorheizen. Die Gugelhupfform gut mit Butter fetten und mit Semmelbröseln ausstreuen.

2. Die Milch in einem kleinen Topf erhitzen. Brezeln und Brötchen in 2 cm große Würfel schneiden, in eine Schüssel geben und mit heißer Milch übergießen. Abgedeckt 5–10 Minuten ruhen lassen.

3. Die Zwiebel schälen und würfeln. Petersilie waschen, trocken schütteln und klein schneiden. Die Eier trennen. In einer Pfanne die Butter erhitzen und die Zwiebelwürfel darin glasig dünsten. Eingeweichte Brezeln und Brötchen mit den Zwiebelwürfeln, der Petersilie und den Eigelben vermengen. Leicht salzen und pfeffern. Zuletzt die Eiweiße steif schlagen und unterheben.

4. Die Brezel-Brötchen-Masse in die Form füllen. Den Gugelhupf im heißen Ofen (unten) in 30–40 Minuten goldbraun backen. Anschließend den Gugelhupf aus der Form stürzen.

Man kann diesen Brezen-Gugelhupf zu allen Fleischgerichten als Beilage servieren. Er schmeckt auch hervorragend mit verschiedenen Pilzsaucen. Falls Reste übrigbleiben: Diese in schäumender Butter leicht braten und für eine leichte Variante mit Salat servieren.

Italienischer
GUGELHUPF

ZUTATEN FÜR 1 GUGELHUPF
1 Gugelhupfform (Ø 24 cm)

FÜR DEN TEIG
400 g Mehl (z. B. Weizenmehl Type 550),
   plus mehr für die Form
Salz
1 Würfel frische Hefe (42 g)
1 TL Zucker
200 ml zimmerwarme Milch
80 g getrocknete Tomaten
150 g Butter, plus mehr für die Form
2 Eier
2 Eigelb

FÜR DAS PESTO
20 g Pinienkerne
15 g frisches Basilikum
15 g frische Petersilie
1 Knoblauchzehe
30 g Parmesan
75 ml Olivenöl
Salz
Pfeffer

Den Gugelhupf mit
Crème fraîche und
einem kühlen italie-
nischen Weißwein
servieren.

ZUBEREITUNG

1. Für den Teig Mehl und etwas Salz in eine Schüssel geben und in die Mitte eine Mulde hineindrücken. Die zerbröckelte Hefe mit dem Zucker und der Milch in die Mulde geben und alles zu einem Vorteig kneten. Den Vorteig mit einem Küchenhandtuch abdecken und gehen lassen, bis sich sein Volumen verdoppelt hat.

2. Die Tomaten einweichen, danach trocken tupfen und fein würfeln. Butter, Eier, Eigelbe und 2 TL Salz zum Vorteig geben. Alles mit den Knethaken des Handrührgeräts in 5 Minuten glatt verkneten. Dann die Tomatenwürfel unterkneten, den Teig abdecken und nochmals an einem warmen Ort 45 Minuten gehen lassen.

3. Für das Pesto Pinienkerne in einer Pfanne ohne Fett rösten und abkühlen lassen. Basilikum und Petersilie waschen, trocken schütteln und die Blättchen abzupfen. Knoblauch schälen, grob hacken und zerdrücken. Parmesan reiben. Parmesan, Kräuter, Knoblauch, Pinienkerne und Olivenöl mit dem Stabmixer fein pürieren. Zuletzt mit Salz und Pfeffer abschmecken.

4. Die Gugelhupfform fetten und etwas bemehlen. Die Hälfte des Teigs in die Form geben, darauf die Hälfte des Pestos verteilen und mit einer Gabel durchziehen. Restlichen Teig in die Form geben, dann übriges Pesto darüber verteilen und erneut mit der Gabel durchziehen. Die Form abdecken und den Teig an einem warmen Ort 20 Minuten gehen lassen.

5. In der Zwischenzeit den Backofen auf 200 °C (Umluft) vorheizen.

6. Anschließend den Gugelhupf im heißen Ofen 10 Minuten backen, danach die Temperatur auf 150 °C reduzieren und den Kuchen weitere 20–30 Minuten backen. 20–30 Minuten abkühlen lassen, dann aus der Form stürzen.

Elsässer
SPECK-GUGELHUPF

ZUTATEN FÜR 1 GUGELHUPF
1 Gugelhupfform (Ø 24 cm)

FÜR DEN TEIG
500 g Mehl (z. B. Weizenmehl Type 405),
   plus mehr für die Form
1 Würfel frische Hefe (42 g)
1 TL Zucker
375 ml zimmerwarme Milch
Salz
160 g weiche Butter, plus mehr
   für die Form
1 Ei
150 g Walnusskerne
250 g Speckwürfel

ZUBEREITUNG

1. Das Mehl in eine Schüssel sieben und in die Mitte eine Mulde hineindrücken. Die zerbröckelte Hefe in die Mulde geben, mit dem Zucker bestreuen, 250 ml Milch dazugießen und alles mit etwas Mehl vom Rand zu einem Vorteig verrühren. Die Schüssel mit einem Tuch abdecken und den Vorteig gehen lassen, bis sich sein Volumen verdoppelt hat.

2. 1 TL Salz, Butter, Ei und restliche Milch zum Vorteig geben und alles langsam zu einem weichen Teig verkneten. Die Schüssel abdecken und den Teig gehen lassen, bis sich sein Volumen verdoppelt hat.

3. Den Backofen auf 200 °C vorheizen. Die Form gut fetten und etwas bemehlen.

4. Einige Walnüsse zur Deko beiseitestellen. Den Rest grob hacken, in einer Pfanne ohne Fett leicht anrösten (nicht dunkel werden lassen) und dann abkühlen lassen. Die Speckwürfel in einer Pfanne andünsten, danach abtropfen lassen, dabei das Fett auffangen, und abkühlen lassen. Nüsse und Speck zum Hefeteig geben, sollte dieser zu dick sein, 1–2 EL aufgefangenes Fett hinzufügen und alles gut, aber vorsichtig verkneten.

5. Die beiseitegestellten Walnüsse in die Form geben, den Hefeteig darauf verteilen, die Form mit einem feuchten Tuch abdecken und den Teig gehen lassen, bis er den Rand der Form erreicht.

6. Den Kuchen 45–50 Minuten backen (Stäbchenprobe machen), dabei ggf. mit Alufolie abdecken, falls er zu dunkel wird. Danach den Gugelhupf stürzen und möglichst noch lauwarm servieren.

Der pikante Kuchen ist ideal für eine Weinprobe.

Spinat-Käse-
GUGELHUPF MIT ROTWEINSAUCE

ZUTATEN FÜR 1 GUGELHUPF
1 Gugelhupfform (Ø 24 cm)

FÜR DEN GUGELHUPF
1 Würfel frische Hefe (42 g)
1 EL Zucker
200 ml Milch
500 g Mehl
Salz
2 Eier
6 EL neutrales Öl, plus mehr
   für die Form
500 g TK-Blattspinat
1 Bund Frühlingszwiebeln
2 Zwiebeln
400 g Mett
Pfeffer
frisch geriebene Muskatnuss
150 g geriebener Gouda
50 g Kürbiskerne

FÜR DIE SAUCE
5 Schalotten
2 EL neutrales Öl
1 Lorbeerblatt
1 TL Zucker
4 EL Aceto balsamico bianco
200 ml trockener Rotwein
Salz
Pfeffer
½ TL Speisestärke

ZUBEREITUNG

1. Hefe, Zucker und 5 EL lauwarme Milch verrühren. Mehl und 1 TL Salz mischen. Hefemasse, Eier, übrige Milch sowie 4 EL Öl hinzufügen und alles zu einem glatten Teig verkneten. Den Teig abdecken und an einem warmen Ort 1 Stunde gehen lassen.

2. Den Backofen auf 200 °C (Umluft) vorheizen.

3. Den Spinat in 100 ml Wasser nach Packungsanweisung dünsten und danach abkühlen lassen. Frühlingszwiebeln putzen, waschen und in Ringe schneiden. Zwiebeln schälen und würfeln. Restliches Öl in einer großen Pfanne erhitzen und das Mett darin 3 Minuten anbraten. Anschließend die Zwiebelmischung unterrühren und 4–5 Minuten andünsten. Den Spinat gut ausdrücken und unterheben. Die Füllung mit Salz, Pfeffer und Muskat abschmecken und abkühlen lassen. Zuletzt den Käse unterheben.

4. Die Kürbiskerne grob hacken und die gefettete Gugelhupfform damit ausstreuen. Den Teig rund (Ø ca. 40 cm) ausrollen, auf die Form legen und dann damit auskleiden, dabei ca. 10 cm Teig überstehen lassen. Die Füllung in der Form verteilen, den überstehenden Teig über die Füllung legen und die Ränder andrücken. Den Gugelhupf im heißen Ofen (Mitte) 40 Minuten backen.

5. Für die Sauce die Schalotten schälen und in feine Scheiben schneiden. Öl in einem Topf erhitzen und die Schalotten mit dem Lorbeerblatt darin ca. 3 Minuten andünsten. Zucker zugeben und karamellisieren lassen. Mit Essig und Wein ablöschen. Die Sauce ca. 5 Minuten köcheln lassen und mit Salz und Pfeffer würzen. Die Stärke mit 2 EL Wasser verrühren, Sauce damit binden und vom Herd nehmen.

6. Den fertigen Gugelhupf aus dem Ofen nehmen und ca. 10 Minuten ruhen lassen. Dann aus der Form stürzen, servieren und die Sauce dazu reichen.

Polenta-GUGELHUPF

ZUTATEN FÜR 1 GUGELHUPF
1 Gugelhupfform (Ø 24 cm)

FÜR DEN GUGELHUPF
350 g rote Paprika
150 g Kirschtomaten
2 Zwiebeln
3 Knoblauchzehen
1 kleine Aubergine
2 EL neutrales Öl
2 EL Tomatenmark
Zucker
Salz
Pfeffer
250 ml Milch
1 TL Instant-Gemüsebrühe (Pulver)
200 g Polenta (Maisgrieß), plus mehr
    für die Form
50 g geriebener Parmesan
1 EL Butter, plus mehr
    für die Form
5 Eier

FÜR DEN DIP
5 Stängel Petersilie
Saft von ½ Limette
6 EL Ajvar
2 EL neutrales Öl
Salz
Pfeffer

ZUBEREITUNG

1. Den Backofen auf 180 °C (Umluft) vorheizen.

2. Paprika längs halbieren, putzen, waschen und in Streifen schneiden. Tomaten waschen und halbieren. Zwiebeln schälen und in Streifen schneiden. Knoblauch schälen und hacken. Aubergine waschen, putzen und in 2 cm große Würfel schneiden. Öl in einer großen Pfanne erhitzen. Zwiebeln, Knoblauch und Aubergine darin 2 Minuten anbraten. Paprika und Tomaten zugeben und 5 Minuten mitbraten. Tomatenmark und 1 Prise Zucker unterrühren und alles 2–3 Minuten unter Rühren andünsten. Dann die Gemüsemischung mit Salz und Pfeffer würzen.

3. Milch mit 500 ml Wasser in einem Topf aufkochen. Die Gemüsebrühe einrühren. Polenta unter Rühren einstreuen und bei niedriger Hitze unter gelegentlichem Rühren 5 Minuten quellen lassen. Anschließend Parmesan und Butter unterrühren. Die Eier trennen. Polentamasse in eine große Schüssel füllen und die Eigelbe zügig unterrühren. Zuletzt die Eiweiße steif schlagen und in zwei Portionen unterheben.

4. Die Form mit Butter fetten und mit Polenta ausstreuen. Die Hälfte der Polentamasse einfüllen. Darauf zwei Drittel Gemüsemischung verteilen, dann die restliche Polenta und zum Schluss das übrige Gemüse. Im heißen Ofen (Mitte) 1 Stunde backen, dabei die letzten 20 Minuten evtl. mit Alufolie abdecken, falls der Gugelhupf zu dunkel wird. Den fertigen Gugelhupf aus dem Ofen nehmen, 10 Minuten ruhen lassen und dann stürzen.

5. Petersilie waschen, trocken schütteln und hacken. Limettensaft, gehackte Petersilie, Ajvar und Öl verrühren. Mit Salz und Pfeffer abschmecken und als Dip zum Gugelhupf servieren.

Lendenbraten-
GUGELHUPF

ZUTATEN FÜR 1 GUGELHUPF
1 Gugelhupfform (Ø 24 cm)

500 g Frühstücksspeck
  (in feinen Scheiben)
2 Schweinefilets
Salz
Pfeffer
Öl zum Braten
200 g Knödelbrot (alternativ
  Stangenweißbrot oder Brötchen)
1 kleines Bund Petersilie
100 ml Milch
3 Eier
150 g geriebener Käse
  (Gouda oder Emmentaler)

AUSSERDEM
Schweineschmalz für die Form (alternativ
  neutrales Öl)

Den Gugelhupf mit Champignon-, Pfeffer-, oder, noch feiner, Rotweinsauce anrichten. Als Beilage gemischtes Gemüse oder Rotkohl dazu reichen.

ZUBEREITUNG

1. Den Backofen auf 180 °C vorheizen.

2. Die Gugelhupfform gut fetten. Mit einem Teil des Frühstücksspecks gut auslegen, dabei Speckränder überstehen lassen.

3. Schweinefilets mit Salz und Pfeffer würzen. In einer Pfanne in Öl anbraten und abkühlen lassen.

4. Knödelbrot in Würfel schneiden. Petersilie waschen, trocken schütteln und zerkleinern. Die Milch in einem kleinen Topf leicht erwärmen und mit Eiern, geriebenem Käse und Petersilie zum Knödelbrot geben. Mit Salz und Pfeffer abschmecken und alles gut vermengen. Den Knödelteig 15 Minuten ruhen lassen.

5. Anschließend ein Drittel des Teigs in die Form drücken. Die angebratenen Schweinefilets auf den Knödelteig legen. Den Rest des Teigs fest darauf drücken. Die überstehenden Speckränder darüber einschlagen. Die restlichen Speckscheiben auf dem Gugelhupf verteilen und den Kuchen mit Alufolie abdecken.

6. Den Gugelhupf im heißen Ofen (unten) 45 Minuten backen. Dann die Alufolie abnehmen und den Kuchen weitere 30 Minuten backen, sodass der Speck schön kross wird. Den fertigen Gugelhupf auf ein Holzbrett stürzen und in Stücke schneiden.

Rindfleisch-
PIE

ZUTATEN FÜR 1 PIE
1 Pie-Form (Ø 28 cm)

FÜR DEN TEIG
1 Portion Pie-Teig (siehe Seite 16)

FÜR DIE FÜLLUNG
300 g TK-Erbsen
1 EL Butterschmalz
1 kg Rindergulasch
1 Gemüsezwiebel
500 g Möhren
2–3 EL Currypulver
Salz
Pfeffer

AUSSERDEM
Fett für die Form
1 Ei

ZUBEREITUNG

1. Den Backofen auf 220 °C vorheizen.

2. Den Teig nach Grundrezept zubereiten, halbieren und 1 Stunde kalt stellen.

3. Für die Füllung TK-Erbsen auftauen. Butterschmalz in einem Schmortopf erhitzen. Das Rindergulasch darin rundum bei hoher Hitze hellbraun braten. Zwiebel und Möhren schälen und würfeln. Beides zum Fleisch geben und 3–4 Minuten mit anbraten. Dann das Currypulver unterheben. Mit 200 ml Wasser ablöschen. Das Gulasch salzen, pfeffern und zugedeckt 2–3 Stunden schmoren lassen.

4. Den Teig ausrollen. Die Pie-Form fetten, den Teigboden einlegen, gut in die Ecken drücken und etwas Teig am Rand überstehen lassen. Mehrfach mit einer Gabel einstechen.

5. Die Erbsen in das Gulasch rühren. Die Füllung in einem Sieb abtropfen lassen, dabei den Sud auffangen und diesen beiseitestellen. Die Füllung auf dem Teigboden verteilen und glatt streichen. Den überstehenden Rand leicht auf die Füllung drücken. Aus der zweiten Teigplatte kleine Sterne ausstechen und die Platte als Deckel auf die Füllung legen. Teigboden und -deckel zusammendrücken. Den Deckel mit etwas verquirltem Ei bestreichen. Die Sterne auf dem Deckel verteilen und mit dem restlichen Ei bestreichen.

6. Den Pie im heißen Ofen (Mitte) 20 Minuten backen. Anschließend warm servieren und den Sud dazu reichen.

Dazu passt ein gekühltes Bier.

Hack-Spinat-
PIE

ZUTATEN FÜR 1 PIE
1 Pie-Form (Ø 28 cm)

FÜR DEN TEIG
1 Portion Pie-Teig (siehe Seite 16)

FÜR DIE FÜLLUNG
300 g TK-Blattspinat
2 Zwiebeln
1 Knoblauchzehe
3 EL Öl
500 g gemischtes Hackfleisch
1 EL Tomatenmark
Salz
Pfeffer
frisch geriebene Muskatnuss
200 g Cheddar

AUSSERDEM
Fett für die Form
1 Eigelb
3 EL Milch

ZUBEREITUNG

1. Den Backofen auf 150 °C vorheizen.

2. Den Teig nach Grundrezept zubereiten und 1 Stunde kalt stellen.

3. Für die Füllung Spinat bei Zimmertemperatur auftauen. Zwiebeln und Knoblauch schälen und fein würfeln. Öl in einer großen Pfanne erhitzen und das Hack darin krümelig braten. Dann Zwiebeln und Knoblauch mitbraten. Den Spinat gut ausdrücken und portionsweise zugeben. Das Tomatenmark unterrühren. Die Masse mit Salz, Pfeffer und Muskat gut abschmecken und 15 Minuten abkühlen lassen. Anschließend den Käse grob würfeln und unterheben.

4. Für den Boden gut die Hälfte des Teigs nach Grundrezept ausrollen und die gefettete Pie-Form damit auskleiden, dass ein Rand überstehen bleibt. Die Füllung darauf verteilen und den überstehenden Rand leicht andrücken. Den restlichen Teig auf Backpapier rund als Deckel ausrollen und einige kleine Blumen davon ausstechen. Den Deckel mithilfe des Backpapiers auf die Füllung legen und das Backpapier abziehen. Teigboden und Deckel zusammendrücken.

5. Eigelb und Milch verquirlen. Den Deckel damit bestreichen. Die ausgestochenen Blumen darauf verteilen und mit der übrigen Eimasse bestreichen. Den Pie im heißen Ofen (Mitte) 50 Minuten backen.

Dieser Pie ist so reichhaltig, dass er eine vollwertige Mahlzeit ergibt.

Schnelle QUICHE

ZUTATEN FÜR **1 QUICHE**

1 Springform mit hohem Rand (Ø 24 cm)

3 Eier
250 ml Milch
200 g Kräuter-Crème-fraîche
100 g Mehl
100 g geriebener Schweizer Käse
150 g ausgelassene Speckwürfel
    (alternativ gewürfelter Kochschinken)
Pfeffer
Salz (nach Belieben)

AUSSERDEM
Butter für die Form

ZUBEREITUNG

1. Den Backofen auf 225 °C vorheizen.

2. Eier, Milch, Kräuter-Crème-fraîche, Mehl, Schweizer Käse, Speck, etwas Pfeffer und optional Salz nacheinander in eine Schüssel geben und mit dem Handrührgerät zu einem Teig vermischen.

3. Die Form mit Butter fetten und den Teig darin verteilen. Die Quiche im heißen Ofen (Mitte) 40 Minuten backen und dann heiß servieren.

Dazu passt ein
gemischter Salat.

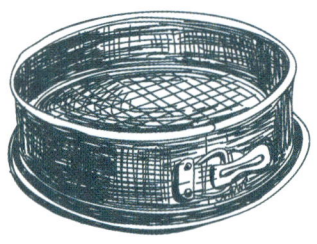

Quiche
LORRAINE

ZUTATEN FÜR 1 QUICHE
1 Tarte-Form (Ø 26 cm)

FÜR DEN TEIG
1 Portion Mürbeteig (siehe Seite 13)

FÜR DEN BELAG
500 g durchwachsener Speck
100 g Gruyère
3 Eier
3 Eigelb
400 g Crème fraîche
1 EL Mehl
frisch gemahlener schwarzer Pfeffer

AUSSERDEM
Butter für die Form

ZUBEREITUNG

1. Den Backofen auf 180 °C vorheizen. Die Tarte-Form fetten.

2. Den Teig nach Grundrezept zubereiten. Danach ausrollen, in die gefettete Form legen, den Teigboden mehrfach mit einer Gabel einstechen und den Teig 30 Minuten im Kühlschrank ruhen lassen.

3. Für den Belag Speck in feine Streifen schneiden. Etwas Wasser in eine Pfanne geben und zum Kochen bringen. Die Speckstreifen darin sanft köcheln lassen, bis das Wasser verdampft ist. Anschließend den Speck auf Küchenpapier abtropfen lassen.

4. Den Käse in Streifen schneiden und den Teigboden damit belegen. Eier, Eigelbe und Crème fraîche und Mehl in einer Schüssel verrühren. Den Speck dazugeben und mit schwarzem Pfeffer würzen. Zuletzt die Masse gleichmäßig auf dem Käse verteilen.

5. Die Quiche im heißen Ofen (unten) zunächst 20 Minuten backen. Die Temperatur auf 150 °C reduzieren und die Quiche weitere 20 Minuten backen, dann mit der Stäbchenprobe prüfen, ob sie durchgebacken ist.

Die Form nicht ganz zum Rand füllen, da die Quiche im Ofen aufgeht. Der Gruyère kann auch durch geriebenen Parmesan ersetzt werden. Zur Quiche einen Grünen Veltliner, einen leichten Riesling oder ein gekühltes Bier reichen.

Auberginen- QUICHE

ZUTATEN FÜR **1 QUICHE**
1 Tarte-Form (Ø 26 cm)

FÜR DEN TEIG
1 Portion Mürbeteig (siehe Seite 13)

FÜR DEN BELAG
4 Auberginen
100 ml Olivenöl mit Kräutern
    der Provence
50 g Pinienkerne
2 Msp. gemahlener Kreuzkümmel
Salz
Pfeffer
3 Eier
200 g Sahne

AUSSERDEM
Butter für die Form

ZUBEREITUNG

1. Die Tarte-Form fetten. Den Teig nach Grundrezept zubereiten. Dann ausrollen, in die Fom legen, den Teigboden mehrfach mit einer Gabel einstechen und 30 Minuten in den Kühlschrank stellen.

2. In der Zwischenzeit den Backofen auf 180 °C vorheizen.

3. Für den Belag die Auberginen waschen, putzen, mit einem Sparschäler längs im Längsstreifenmuster ca. die Hälfte der Schale abtragen und das Fruchtfleisch in 2 cm große Würfel schneiden. Öl in einer Pfanne bei mittlerer Hitze erwärmen. Die Auberginen hineingeben und unter häufigem Rühren 15 Minuten anbraten, bis sie weich und goldbraun sind. Pinienkerne und Kreuzkümmel hinzufügen. Zuletzt die Masse mit Salz und Pfeffer würzen. Die Auberginenmasse auf dem Teigboden verteilen. Eier, Sahne, Salz und Pfeffer gut verquirlen und anschließend über die Auberginen gießen.

4. Quiche im heißen Ofen (unten) in 40 Minuten goldbraun backen.

Man kann die Auberginen durch 2 Zucchini und 150 g frischen Ziegenkäse ersetzen, dafür benötig man nur 2 EL Öl zum Anbraten. Zur Quiche passt ein leichter Rotwein.

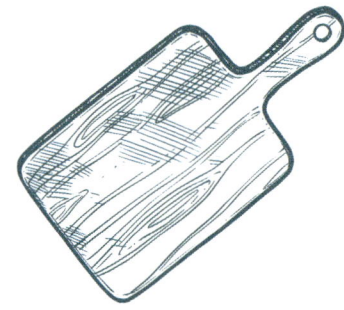

Kürbis-QUICHE

ZUTATEN FÜR 1 QUICHE
1 Springform (Ø 26 cm)

FÜR DEN TEIG
1 Portion Mürbeteig (siehe Seite 13)

FÜR DEN BELAG
600 g Kürbisfleisch
1 EL Olivenöl zum Braten
120 g durchwachsenen Speck
1 Zwiebel
2 Knoblauchzehen
Kräutersalz
Pfeffer
getrockneter Thymian
   (Menge nach Belieben)
200 ml Gemüsebrühe
2 Eier
150 g Crème fraîche
150 g geriebener Gruyère
2 EL Kürbiskerne
Salz

AUSSERDEM
Fett für die Form

ZUBEREITUNG

1. Den Teig nach Grundrezept zubereiten.

2. Das Kürbisfleisch in kleine Stücke schneiden. Olivenöl in einer Pfanne erhitzen. Den Speck würfeln und darin anbraten. Zwiebel schälen, fein hacken, mit den Kürbiswürfeln zum Speck geben und anbraten. Knoblauch schälen, hacken und hinzufügen. Mit Kräutersalz, Pfeffer und Thymian abschmecken. Zuletzt die Gemüsebrühe zugießen und alles zugedeckt 20 Minuten garen. Anschließend die Kürbismasse pürieren und beiseitestellen.

3. In der Zwischenzeit den Backofen auf 200 °C vorheizen und die Springform fetten. Den Mürbeteig ausrollen, den Boden der Form damit belegen und einen 3 cm hohen Rand hochziehen.

4. Eier mit Crème fraîche verquirlen. Den geriebenen Käse unterrühren. Die Mischung mit dem Kürbispüree vermengen. 1 EL Kürbiskerne unterheben und alles mit Salz und Pfeffer abschmecken.

5. Den Belag auf dem Teigboden verteilen und die restlichen Kürbiskerne darüberstreuen. Die Quiche im heißen Ofen (unten) ca. 45 Minuten backen, bis die Oberfläche goldbraun ist.

Anstelle des Gruyère kann man auch einen würzigen Bergkäse verwenden.

Lauch-QUICHE

ZUTATEN FÜR 1 QUICHE
1 Tarte-Form (Ø 26 cm)

FÜR DEN TEIG
1 Portion Mürbeteig
(siehe Seite 13)

FÜR DEN BELAG
4 Stangen Lauch
50 g Butter
Salz
Pfeffer
4 Eier
400 g Sahne
150 g geriebener Gruyère

AUSSERDEM
Butter für die Form

ZUBEREITUNG

1. Die Tarte-Form fetten. Den Teig nach Grundrezept zubereiten. Dann ausrollen, in die Form legen, den Teigboden mehrfach mit einer Gabel einstechen und 30 Minuten in den Kühlschrank stellen.

2. Inzwischen den Backofen auf 180 °C vorheizen.

3. Für den Belag Lauch putzen, gut waschen, den weißen Teil in Ringe schneiden, den Rest entsorgen. Butter in eine Pfanne geben und die Lauchringe darin 20 Minuten langsam garen. Mit Salz und Pfeffer würzen. Die Pfanne vom Herd nehmen. Eier und Sahne unter die Lauchmasse rühren und ggf. noch einmal abschmecken. Lauchmasse auf dem Teig verteilen und mit dem geriebenen Käse bestreuen.

4. Quiche im heißen Ofen (unten) in 40 Minuten goldbraun backen.

Man kann den Belag mit gekochtem Schinken oder mit 200 g Miesmuschelfleisch verfeinern. Zur Quiche passt ein spritziger Weißwein wunderbar.

Quiche mit
KARAMELLISIERTEN ZWIEBELN

ZUTATEN FÜR **1 QUICHE**
1 Tarte-Form (Ø 26 cm)

FÜR DEN TEIG
1 Portion Mürbeteig
  (siehe Seite 13)

FÜR DEN BELAG
2 Stück frischer Ingwer (1,5 cm)
6 mittelgroße Zwiebeln
2 EL Olivenöl
Salz
frisch gemahlener schwarzer Pfeffer
3 EL extrafeiner Zucker
3 EL Rotwein
3 Eier
1 Eigelb
500 ml Milch
100 g Crème fraîche

AUSSERDEM
getrocknete Hülsenfrüchte
  zum Blindbacken
Butter für die Form

ZUBEREITUNG

1. Die Tarte-Form fetten. Den Teig nach Grundrezept zubereiten. Dann ausrollen, in die Form legen, den Teigboden mehrfach mit der Gabel einstechen und 30 Minuten im Kühlschrank ruhen lassen.

2. Inzwischen den Backofen auf 180 °C vorheizen. Großzügig Backpapier auf den Teig legen und getrocknete Hülsenfrüchte daraufgeben. Die Backofentemperatur auf 190 °C erhöhen und den Teig im heißen Ofen 10 Minuten blind backen.

3. Für den Belag Ingwer schälen und klein schneiden. Zwiebeln schälen und in feine Ringe schneiden. Öl in einer Pfanne erhitzen. Ingwer und Zwiebeln hinzufügen, mit Salz und Pfeffer würzen und zugedeckt 10 Minuten andünsten, dabei zwischendurch umrühren. Danach mit Zucker bestreuen und karamellisieren lassen. Rotwein zugießen und alles bei mittlerer Hitze 15 Minuten köcheln lassen.

4. Eier, Eigelb, Milch und Crème fraîche in einer Schüssel verrühren. Mit wenig Salz und Pfeffer würzen. Die Zwiebelmasse gleichmäßig auf dem Teigboden verteilen und mit der Eiermilch übergießen. Die Quiche im heißen Ofen (unten) in 30 Minuten goldbraun backen. Danach etwas abkühlen lassen und servieren.

Die Quiche lauwarm mit einem Eichblattsalat mit Balsamico-Dressing servieren. Statt Ingwer kann man auch Thymian oder 4-Gewürze-Pulver (Zimt, Muskatnuss, Nelke und Pfeffer) verwenden.

Feine schnelle
ITALIENISCHE TARTE

ZUTATEN FÜR 1 TARTE
1 Ø Tarte–Form (28 cm)

FÜR DEN TEIG
½ Portion Blätterteig (siehe Seite 21;
    alternativ 275 g Blätterteig aus dem
    Kühlregal)

FÜR DEN BELAG
6 Tomaten
Salz
3 Scheiben roher Schinken
400 g Mozzarella
Kräuter der Provence zum Bestreuen
Pfeffer

AUSSERDEM
getrocknete Hülsenfrüchte
    zum Blindbacken

Für ein
feineres und
cremigeres Aroma
Büffelmozzarella
wählen. Zur Tarte
schmeckt ein
Bataviasalat.

ZUBEREITUNG

1. Den Backofen 180 °C vorheizen.

2. Den Blätterteig mit dem Backpapier nach unten in die Tarte-Form legen. Den Teig oben mit Backpapier bedecken, mit getrockneten Hülsenfrüchten beschweren und im heißen Ofen (Mitte) 10 Minuten blind backen.

3. Für den Belag Tomaten waschen, entstielen und häuten, dazu Tomaten oben einritzen und kurz in kochendes Wasser legen (so lässt sich die Haut am besten abziehen), dann entkernen und vierteln. Die Tomatenviertel in ein Sieb geben und mit 3 Msp. Salz bestreuen (so wird das Wasser entzogen). Den Schinken in Streifen und den Mozzarella in Scheiben schneiden.

4. Die Schinkenstreifen auf dem Teigboden verteilen. Die Tomaten mit Küchenpapier trocken tupfen und auf den Schinken legen. Alles mit den Mozzarellascheiben bedecken. Zuletzt die Tarte mit Kräutern, Salz und Pfeffer bestreuen.

5. Die Tarte im heißen Ofen (Mitte) 40 Minuten backen. Anschließend frisch aus dem Ofen warm servieren.

HERRN VON RIBBECKS
Lieblings-Tarte

ZUTATEN FÜR **1 TARTE**
1 Springform (Ø 26 cm)

FÜR DEN TEIG
200 g Mehl (z. B. Weizenmehl Type 405)
100 g Butter
1 Ei
Salz

FÜR DEN BELAG
2 Eigelb
200 g Sahne
2 gehäufte TL Stärke
Salz
Pfeffer
frisch geriebene Muskatnuss
   (Menge nach Belieben)
200 g Ziegenkäse (alternativ
   würziger Camembert)
500 g weiche Birnen
100 g gekochter Schinken (in Scheiben)

ZUBEREITUNG

1. Den Backofen auf 200 °C vorheizen.

2. Für den Teig Mehl, Butter, Ei und 1 TL Salz zu einem Mürbeteig (siehe Seite 13) verkneten. Falls er krümeln sollte, einfach noch etwas kaltes Wasser hinzufügen.

3. Für den Belag Eigelbe, Sahne, Stärke und Gewürze verrühren. Den Käse klein schneiden, zerdrücken und zugeben. Die Mischung evtl. pürieren. Die Birnen schälen, das Kerngehäuse entfernen und die Birnen in Spalten schneiden.

4. Den Mürbeteig in die Springform drücken. Den Teigboden mit den Schinkenscheiben auslegen und die Birnenspalten im Kreis darauf anordnen. Zuletzt die Sahne-Eigelb-Masse darauf verteilen.

5. Die Tarte im heißen Ofen (Mitte) 35 Minuten backen.

Auch kleine Tartelette-Formen eignen sich für dieses Rezept, dann die Mini-Tartes zum Beispiel als Vorspeise servieren.

Räucherforellen- TARTE

ZUTATEN FÜR 1 TARTE
1 Tarte-Form (Ø 30 cm)

FÜR DEN HEFETEIG
200 g Mehl
   (z. B. Weizenmehl Type 405),
   plus mehr zum Arbeiten
20 g frische Hefe
1 TL Zucker
Salz

AUSSERDEM
Fett für die Form
1 Eigelb

FÜR DIE FÜLLUNG
2 geräucherte Forellenfilets
   (ca. 250 g)
4 Eier
200 g Crème fraîche
6 EL Sahne
frisch gemahlener Pfeffer
Salz
1 Bund Dill

ZUBEREITUNG

1. Für den Hefeteig das Mehl in eine Schüssel geben und in die Mitte eine Mulde hineindrücken. Die Hefe hineinbröseln und Zucker hinzufügen. Mit 125 ml lauwarmem Wasser übergießen und die Hefe darin auflösen. ½ TL Salz auf den Mehlrand streuen und alles von der Mitte aus zu einem glatten Teig verkneten. Den Teig abgedeckt an einem warmen Ort ca. 30 Minuten gehen lassen, bis sich sein Volumen verdoppelt hat.

2. In der Zwischenzeit den Backofen auf 220 °C vorheizen.

3. Den Teig auf einer bemehlten Arbeitsfläche größer als die Tarte-Form ausrollen. Auf ein Nudelholz legen, über der gefetteten Form locker abrollen, den Rand leicht andrücken und glatt streichen. Das Eigelb mit etwas Wasser verquirlen und den Teig damit bestreichen.

4. Für die Füllung Forellenfilets in kleine Stücke zerpflücken und die Gräten entfernen. Filets, Eier, Crème fraîche und Sahne mit den Quirlen des Handrührgeräts gut verrühren. Mit wenig Pfeffer und Salz würzen. Den Dill waschen, trocken schütteln, hacken und unterheben. Die Mischung auf dem Teigboden verteilen.

5. Tarte im heißen Ofen (unten) 25 Minuten backen, lauwarm servieren.

Die Tarte mit halbierten Zitronenscheiben, Dillspitzen, evtl. Kaviar garnieren. Zur Tarte passt ein gekühlter Weißwein (z. B. einen Silvaner aus Franken) hervorragend.

Tarte mit
KARAMELLISIERTEM KNOBLAUCH

ZUTATEN FÜR 1 TARTE
1 Tarte-Form (Ø 28 cm)

FÜR DEN TEIG
½ Portion Blätterteig (siehe Seite 21;
   alternativ 275 g Blätterteig aus dem
   Kühlregal)

FÜR DEN BELAG
6–8 Knoblauchzehen
Olivenöl zum Braten
1 EL Aceto balsamico
¾ EL Zucker
1 TL getrockneter Thymian
1 TL getrockneter Rosmarin
2 Eier
100 g Sahne
100 g Crème fraîche
Salz
Pfeffer
150 g Ziegen-Camembert
   (alternativ Hartkäse)
150 g Ziegenfrischkäse

ZUBEREITUNG

1. Den Backofen auf 170 °C vorheizen.

2. Den Blätterteig auf einem mit Backpapier ausgelegten Backblech ausrollen.

3. Für den Belag Knoblauch schälen, kurz blanchieren und anschließend abkühlen lassen. Olivenöl erhitzen und die Knoblauchzehen darin anbraten. Essig und ca. 50 ml Wasser zugeben. Dann Zucker, Thymian und Rosmarin hinzufügen und alles bei mittlerer Hitze köcheln lassen, bis die Flüssigkeit reduziert ist. Eier, Sahne und Crème fraîche mit etwas Salz und Pfeffer verquirlen.

4. Den Ziegen-Camembert in Scheiben schneiden und den Blätterteig damit belegen. Die Knoblauchmasse mit der Flüssigkeit darüber verteilen. Zuletzt mit der Eier-Sahne-Mischung übergießen. Die Tarte im heißen Ofen ca. 30–40 Minuten backen. Zum Schluss den Ziegenfrischkäse in Flocken auf der Tarte verteilen.

Dazu lässt sich ein trockener, spritziger Rotwein hervorragend trinken.

Lauchtorte

ZUTATEN FÜR 1 TORTE
1 Tarte-Form (Ø 34 cm)

FÜR DEN TEIG
200 g Weizenmehl (Type 550)
Salz
125 g Butter,
  plus mehr für die Form
1 Ei

FÜR DEN BELAG
750 g Lauch
4 Eier
200 g Crème fraîche
Salz
Pfeffer
200 g Gouda

AUSSERDEM
Semmelbrösel für die Form

ZUBEREITUNG

1. Für den Teig Mehl, ½ TL Salz, Butter, Ei und 2 EL kaltes Wasser zu einem Mürbeteig verkneten (siehe Seite 13). 1 Stunde kalt stellen.

2. Den Backofen auf 200 °C vorheizen.

3. Für den Belag den Lauch putzen, gründlich waschen, den weißen Teil in Ringe schneiden, den Rest entsorgen. Die Ringe mit kochendem Wasser übergießen und dann abtropfen lassen.

4. Die Springform fetten. Den Boden mit zwei Drittel des Teigs bedecken und aus dem restlichen Teig einen Rand formen. Den Teigboden mehrmals mit einer Gabel einstechen und mit Paniermehl bestreuen. Den Lauch auf dem Teigboden verteilen.

5. Eier, Crème fraîche, Salz und Pfeffer miteinander verrühren. Den Gouda grob raspeln und zugeben. Die Masse über den Lauch gießen. Die Lauchtorte im heißen Ofen (Mitte) 1 Stunde backen.

Diese pikante Torte kann solo als vollwertige Mahlzeit serviert werden.

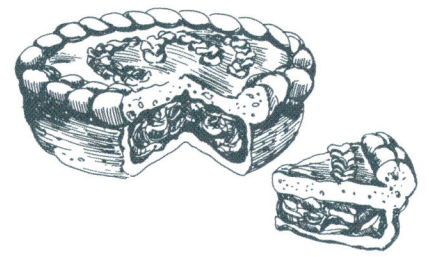

Torta Pasqualina
LIGURISCHE OSTERTORTE

ZUTATEN FÜR 1 TORTE
1 Springform (Ø 26 cm)

FÜR DEN TEIG
600 g Mehl
(z. B. Weizenmehl Type 405),
plus mehr zum Arbeiten
Salz
4 EL Pflanzenöl

FÜR DIE FÜLLUNG
2–3 Stängel frischer Majoran
1 kg Blattspinat
9 Eier
100 g Parmesan, plus etwas
mehr zum Bestreuen
400 g Ricotta
Salz
Pfeffer
4 EL Olivenöl

AUSSERDEM
Fett für die Form

Diese Ostertorte
ist ein typisches
Karfreitag-Essen.

ZUBEREITUNG

1. Den Backofen auf 220 °C vorheizen.

2. Für den Teig das Mehl in eine Schüssel sieben. 1 Prise Salz, Öl und so viel warmes Wasser (ca. 250 ml) zugeben, dass beim Kneten ein geschmeidiger Teig entsteht. Den Teig nochmals gut durchkneten und in 14 gleich große Stücke teilen. Diese mit Mehl bestäuben und abgedeckt 1 Stunde ruhen lassen.

3. Für die Füllung Majoran waschen, trocken schütteln und fein hacken. Spinat waschen, tropfnass in einen Topf geben, erhitzen und zusammenfallen lassen. Dann in einem Sieb gut ausdrücken und sehr fein hacken. 3 Eier verquirlen. Parmesan reiben. Spinat, Parmesan, Ricotta, Majoran, die verquirlten Eier, Salz und Pfeffer in eine Schüssel geben. Gut verrühren und nochmals abschmecken.

4. Zwei Teigstücke zusammenkneten und dünn zu einer Platte ausrollen. Die Springform gut fetten. Boden und Rand der Form mit der Teigplatte auslegen (der Rand der Form sollte ganz mit dem Teig bedeckt sein). Den Teig mit etwas Olivenöl bestreichen. Sechs weitere Teigstücke zu dünnen runden Platten ausrollen. Diese nacheinander auf den Boden der Form legen, dabei jede Platte mit etwas Öl bestreichen. Die Füllung auf die letzte Teigplatte geben und glatt streichen. Mithilfe eines Löffels sechs Vertiefungen in die Füllung drücken. Die restlichen Eier einzeln aufschlagen und jeweils vorsichtig in jede Vertiefung gleiten lassen. Die Eier mit Salz und Pfeffer würzen und mit Parmesan bestreuen.

5. Die restlichen Teigstücke ebenfalls zu runden dünnen Platten ausrollen. Diese nacheinander auf die Füllung legen, dabei jede Platte mit etwas Öl bestreichen. Den Rand der obersten Platte seitlich gut mit den Teigrändern zusammendrücken. Die Torte mit dem restlichen Öl bestreichen und im heißen Ofen (unten) ca. 1 Stunde backen. Die Torte in der Form abkühlen lassen, dann herausnehmen und lauwarm oder kalt servieren.

STRUDEL & PASTETEN

Strudel sind etwas aufwendiger zuzubereiten. Ein Strudelteig etwa braucht
eine lange Ruhezeit und ordentlich Kraft beim Kneten. Nur gut und lange
durchgeknetet wird er schön seidig und weich. Beim Ausziehen bedarf es ein
bisschen Fingerspitzengefühl, damit er nicht reißt. Dagegen sind Pasteten
deutlich unkomplizierter zu machen. Aber egal, wofür du dich entscheidest,
deine Gäste werden glücklich sein.

Krautstrudel

ZUTATEN FÜR 1 STRUDEL

FÜR DEN TEIG
1 Portion Strudelteig (siehe Seite 18;
   alternativ 280 g Strudelteig aus
   dem Kühlregal)

FÜR DIE FÜLLUNG
150 g Bauchspeck (alternativ
   gekochter Schinken)
1 Zwiebel
50 g Schweineschmalz
750 g Sauerkraut
1 Schuss Weißwein
   (nach Belieben)
2 Lorbeerblätter
5 Wacholderbeeren
2 Nelken

AUSSERDEM
flüssige Butter zum Bestreichen

ZUBEREITUNG

1. Den Backofen auf 200 °C vorheizen.

2. Den Teig nach Grundrezept zubereiten.

3. Für die Füllung Bauchspeck in Würfel schneiden. Zwiebel schälen und klein hacken. Das Schweineschmalz in einer Pfanne erhitzen und den Speck darin anbraten. Sauerkraut untermischen und nach Belieben mit Weißwein ablöschen. Lorbeerblätter, Wacholderbeeren sowie Nelken zugeben und alles zugedeckt 10 Minuten dünsten.

4. Den Teig ausrollen, ausziehen und Ränder abschneiden.

5. Die Füllung gleichmäßig auf dem Teig verteilen. Mithilfe des bemehlten Leinentuchs (siehe Seite 18) vorsichtig einrollen und die Strudelenden einschlagen. Den Strudel auf ein mit Backpapier ausgelegtes Backblech legen und zum Schluss mit flüssiger Butter bestreichen.

6. Den Strudel im heißen Ofen (unten) in ca. 35 Minuten goldbraun backen. Vor dem Servieren 10 Minuten ruhen lassen.

Zum Strudel mundet ein gekühlter Grüner Veltliner. Auch gekühltes Bier jeglicher Sorte lässt sich wunderbar dazu trinken.

Hackfleischstrudel

ZUTATEN FÜR 1 STRUDEL

FÜR DEN TEIG

1 Portion Strudelteig (siehe Seite 18; alternativ 280 g Strudelteig aus dem Kühlregal)

FÜR DIE FÜLLUNG

1 Brötchen vom Vortag
1 Zwiebel
100 g geräucherter Bauchspeck
1 Bund Petersilie
250 g Blattspinat
250 g gemischtes Hackfleisch
250 g Kalbsbrät
2 Eier
Salz
Pfeffer
frisch geriebene Muskatnuss

AUSSERDEM

flüssige Butter zum Bestreichen

ZUBEREITUNG

1. Den Backofen auf 180 °C vorheizen.

2. Den Teig nach Grundrezept zubereiten.

3. Für die Füllung das Brötchen in Wasser einweichen. Zwiebel schälen und den Bauchspeck in kleine Würfel schneiden. Beides in einer Pfanne andünsten. Petersilie waschen, trocken schütteln, hacken und kurz mit andünsten. Spinat waschen, tropfnass in einen Topf geben und erhitzen, bis er zusammenfällt. Dann abtropfen lassen und grob hacken. Das Brötchen ausdrücken und mit den restlichen Zutaten (außer Gewürze) in einer Schüssel gut verkneten. Zuletzt die Füllung mit Salz, Pfeffer, Muskat gut abschmecken.

4. Den Strudelteig ausrollen und ausziehen. Die Füllung darauf verstreichen. Mithilfe des bemehlten Leinentuchs (siehe Seite 18) vorsichtig einrollen und die Ränder abschneiden. Zum Schluss den Strudel mit flüssiger Butter bestreichen. Den Strudel auf ein mit Backpapier ausgelegtes Backblech legen und im heißen Ofen (Mitte) mindestens 45 Minuten backen.

Als Beilage einen gemischten grünen Salat reichen. Und als Getränk ein gut gekühltes Bier (jegliche Sorte) oder Wein, etwa einen leichten Rotwein (z. B. Blauer Zweigelt) oder einen gehaltvollen Weißwein (Silvaner, Riesling).

Gebratener
HIRSCHSTRUDEL

ZUTATEN FÜR 1 STRUDEL

FÜR DEN TEIG

1 Portion Strudelteig (siehe Seite 18;
   alternativ 280 g Strudelteig aus
   dem Kühlregal)

FÜR DIE FÜLLUNG

½ EL getrocknete Totentrompeten
   (alternativ Pfifferlinge oder Steinpilze)
120 g kühle Hühnerbrust
Salz
150 g eiskalte Sahne
½ TL Cognac
frisch geriebene Muskatnuss
schwarzer Pfeffer
1 TL abgeriebene Bio-Zitronenschale
mildes Chilipulver
2 EL Pistazienkerne
2 Hirschkalbrückenfilets
1 EL neutrales Öl

Bei Forstämtern
nach frischem,
preiswertem Wildfleisch
erkundigen! Dieser Hirschstrudel
ist ein Festtagsgericht, etwa für
Weihnachten. Dazu passt eine
Rotwein-, Cognac-Pfeffer- oder
Cumberland-Sauce sowie als
Getränk z. B. ein badischer
Spätburgunder.

ZUBEREITUNG

1. Den Backofen auf 130 °C vorheizen.

2. Den Teig nach Grundrezept zubereiten.

3. Für die Füllung die Pilze in kochendes Wasser geben, vom Herd nehmen und 10 Minuten ziehen lassen. Abgießen, trocken tupfen und nicht zu klein schneiden. Die Hühnerbrust würfeln, gut salzen und mit der Sahne vermischt 5 Minuten ins Gefrierfach geben (das Fleisch darf dabei nicht gefrieren!). Das Fleisch aus der Sahne nehmen, mit Cognac, etwas Muskat, Pfeffer, Zitronenabrieb und 1 Prise Chilipulver in den Standmixer geben. Nach und nach die Sahne untermixen, bis eine glänzende Masse entsteht. Die Pistazien hacken. Zum Schluss die Pilze und die Pistazien unter die Farce mischen und gut abschmecken.

4. Öl in einer Pfanne erhitzen und die Hirschkalbrückenfilets darin bei mittlerer Hitze von allen Seiten anbraten.

5. Den Strudelteig dünn ausziehen, mit der Farce bestreichen, die Filets darauflegen und in den Teig einwickeln. Die Teigenden abschneiden. Den Strudel zuerst mit der Nahtseite nach unten im Restöl der Pfanne anbraten, danach wenden und nochmals kurz anbraten. Anschließend den Strudel auf ein mit Backpapier ausgelegtes Backblech legen und im heißen Ofen (Mitte) 20 Minuten backen. Wer ein Fleischthermometer hat: Die Kerntemperatur prüfen, sie sollte 56 °C betragen. Dazu das Thermometer einfach in den Strudel stecken.

Blutwurst-Birnen-
STRUDEL

ZUTATEN FÜR 1 STRUDEL

FÜR DEN TEIG
1 Portion Strudelteig (siehe Seite 18;
   alternativ 280 g Strudelteig aus
   dem Kühlregal)

FÜR DIE FÜLLUNG
2 Knoblauchzehen
4 frische Blutwürste
1 Ei
Salz
Pfeffer
gemahlener Majoran
3 festkochende Birnen
etwas Zucker
100 ml Birnenschnaps
   (nach Belieben)

AUSSERDEM
flüssige Butter zum Bestreichen

ZUBEREITUNG

1. Den Backofen auf 200 °C vorheizen.

2. Den Teig nach Grundrezept zubereiten, ausrollen, ausziehen und dicke Ränder abschneiden.

3. Für die Füllung den Knoblauch schälen und pressen. Blutwürste aus den Därmen drücken und die Masse mit dem Ei vermengen. Mit Salz, Pfeffer, Knoblauch und Majoran würzen. Die Birnen schälen, das Kerngehäuse entfernen und die Birnen in Spalten schneiden. Diese mit Zucker in 250 ml Wasser (alternativ in Birnenschnaps vermischt mit 150 ml Wasser) bissfest dünsten.

4. Die Blutwurstmasse sowie die Birnenspalten auf dem Strudelteig verteilen. Diesen mithilfe des bemehlten Leintuchs (siehe Seite 18) vorsichtig einrollen und die Strudelenden einschlagen. Den Strudel auf ein mit Backpapier ausgelegtes Blech legen und zum Schluss mit flüssiger Butter bestreichen.

5. Den Strudel im heißen Ofen (unten) in ca. 35 Minuten goldbraun backen. Anschließend vor dem Servieren 10 Minuten ruhen lassen.

Dieser Strudel ist eine nicht alltägliche Speise und eignet sich sowohl als Hauptgericht, mit einem Kartoffelbrei angerichtet, oder als kleines Schmankerl für zwischendurch.

Gewürzforellenstrudel
MIT SCHNITTLAUCHSAUCE

ZUTATEN FÜR **4 STRUDEL**

FÜR DEN STRUDEL
150 g eiskaltes Forellenfilet
150 g eiskalte Sahne
½–1 TL scharfer Senf
Chilisalz mit Vanille
½ TL mildes Currypulver
½ TL Kümmelsamen
1 TL Korianderkörner
1 TL schwarze Pfefferkörner
1 TL Senfkörner
8 Blatt Strudelteig (aus dem
   Kühlregal, ca. 14 x 14 cm)
flüssige braune Butter zum
   Bestreichen
120 g Lachsfilet
2 EL Öl

FÜR DIE SCHNITTLAUCHSAUCE
150 g Crème fraîche
1 EL Milch
1 TL scharfer Senf
1 EL Zitronensaft
1 Msp. abgeriebene Bio-Zitronenschale
1 EL Schnittlauchröllchen
Salz
frisch geriebene Muskatnuss
Chilipulver

ZUBEREITUNG

1. Den Backofen auf 170 °C vorheizen.

2. Forellenfilet abspülen, trocken tupfen und in Würfel schneiden. Mit Sahne bedecken und 5 Minuten ins Gefrierfach geben. Fischstücke in die Küchenmaschine geben, Senf, 1 Prise Chilisalz sowie Curry zugeben und kurz mixen, bis eine Bindung entsteht. Dann nach und nach jeweils einen Schuss Sahne zugeben, dabei darauf achten, dass der Fisch die Sahne aufgenommen hat, bevor der nächste Schuss Sahne zugegeben wird. So weiter verfahren, bis die Sahne aufgebraucht und die Farce glatt und glänzend ist.

3. Die restlichen Gewürze mörsern. Ein Strudelteigblatt auf eine Arbeitsfläche legen, mit brauner Butter bestreichen und mit dem Gewürzpulver leicht bestreuen. Das Teigblatt in die Muffinform legen, ein zweites Teigblatt um 45 Grad gedreht darauflegen und wieder mit dem Gewürzpulver bestreuen. Die Teigränder überhängen lassen, etwas Farce hineingeben. Alle Strudelblätter auf diese Weise füllen, dabei einen Rest Farce zurückbehalten.

4. Das Lachsfilet abspülen, trocken tupfen, in Würfel à 30 g schneiden und diese auf die Farce legen. Die Oberfläche mit der restlichen Fisch-Farce bestreichen.

5. Strudelpäckchen im heißen Ofen (Mitte) 12–14 Minuten backen, anschließend aus der Muffinform lösen.

6. Für die Sauce Crème fraîche mit Milch, Senf, Zitronensaft, -schale und Schnittlauch verrühren. Mit etwas Salz, Muskatnuss und Chilipulver abschmecken.

Klassische
SULZPASTETE

ZUTATEN FÜR 1 PASTETE
1 Kastenform (30 cm Länge)

FÜR DIE FÜLLUNG
400 g Hähnchenbrust
200 g Kalbfleisch
350 g Kalbsfilet am Stück
4–5 EL Madeira
100 g Toastbrot ohne Rinde
ca. 150 ml Milch
1 EL Butter
75 g gemahlene, geschälte Mandeln
100 g Crème double
1 EL gehackter Thymian
abgeriebene Schale von
   ½ Bio-Zitrone
Salz
Pfeffer
frisch geriebene Muskatnuss
gemahlene Nelken
gemahlener Majoran
100 g frische Champignons
50 g Pistazienkerne

FÜR DEN TEIG
1 Portion Teig für Klassische
   Sulzpastete (siehe Seite 13)

AUSSERDEM
1 Ei
Milch zum Bestreichen

ZUBEREITUNG

1. Für die Füllung die Hähnchenbrust würfeln. Mit übrigem Fleisch und Madeira in einer Schüssel abgedeckt mindestens 2 Stunden (oder über Nacht) im Kühlschrank marinieren.

2. Den Teig nach Grundrezept zubereiten.

3. Den Backofen auf 180 °C vorheizen.

4. Das Brot zerkleinern und in einem kleinen Topf die Milch erhitzen. Das Brot in einer Schüssel mit der Milch übergießen, mit einer Gabel zerdrücken und 15 Minuten kühl stellen.

5. Butter in einer Pfanne erhitzen, das marinierte Kalbsfilet trocken tupfen und darin anbraten. Abkühlen lassen und beiseitestellen. Hähnchen und Kalbfleisch trocken tupfen und mit der Brotmischung pürieren. Mandeln, Crème double, Thymian, Zitronenschale, 1 ½ TL Salz, wenig Pfeffer, je 1 Prise Muskat, Nelken und Majoran zugeben und kurz weiter pürieren. Champignons putzen und in Scheiben schneiden. Mit den Pistazien untermischen.

6. Die Kastenform mit Backpapier auskleiden. Den Pastetenteig ausrollen, damit die Kastenform auskleiden und großzügige Ränder zum Überklappen lassen. Ein Drittel der pürierten Masse in die ausgekleidete Form geben. Dann das Kalbslilet darauf legen, eindrücken und mit der restlichen pürierten Masse bedecken. Die Teigränder darüberlegen und überflüssigen Teig in den Ecken abschneiden. Das Ei trennen. Das Eiweiß verschlagen und die Teigränder damit bestreichen. Das Eigelb mit etwas Milch verdünnen und den Pastetendeckel damit bestreichen. Aus dem Teigrest Deckel für die Kastenform ausrollen, ein Loch (Ø 2 cm) aus dem Teigdeckel stechen und in die Form legen.

7. Die Pastete im heißen Ofen (unten) 70 Minuten backen.

REGINAS
Käsepasteten

ZUTATEN FÜR **12 STÜCK**

FÜR DEN TEIG
1 Pck. TK-Blätterteig
   (6 rechteckige Scheiben)

FÜR DIE FÜLLUNG
2 Eier (Größe L)
200 g geriebener Emmentaler
125 g saure Sahne (alternativ Schmand
   oder Crème fraîche)
½ EL Mehl
frisch geriebene Muskatnuss
Salz
100 g gekochter Schinken
   (alternativ roher)

AUSSERDEM
Mehl zum Arbeiten
Muffinblech

ZUBEREITUNG

1. Den Backofen auf 190 °C vorheizen.

2. Blätterteig auftauen und die Scheiben voneinander trennen. Diese mit einem bemehlten Nudelholz dünn ausrollen, dabei die Scheibenform beibehalten. Die Rechtecke in Quadrate teilen oder vierteln. Die Teiglinge in eine Muffinform drücken, dabei die Enden überstehen lassen.

3. Für die Füllung die Eier aufschlagen. Käse, saure Sahne, Mehl, 1 Prise Muskatnuss und 1 Prise Salz zugeben und alles gut vermischen.

4. Die Masse in den Blätterteig füllen. Den Schinken würfeln und entweder in die Masse drücken oder obenauf legen. Die Enden der Blätterteigquadrate zusammenfalten oder nach oben eindrehen.

5. Die Pasteten im heißen Ofen (Mitte) in ca. 30 Minuten goldgelb backen. Dann warm servieren.

Die Pasteten sind eine köstliche Vorspeise. Sie lassen sich super vorbereiten und leicht im Kühlschrank backfertig aufbewahren.

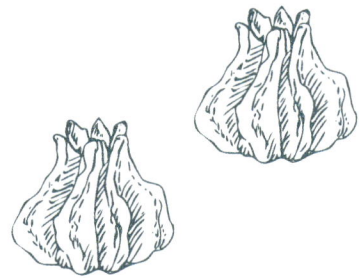

Kalbfleisch-PASTETE

ZUTATEN FÜR 1 PASTETE
1 Pastetenform (30 cm Länge)

FÜR DEN TEIG
600 g Mehl (z. B. Weizenmehl
    Type 405), plus mehr zum Arbeiten
300 g kalte Butter
Salz
1 Ei

FÜR DIE FÜLLUNG
80 g geschälte Mandeln
Zucker
50 g Pistazienkerne
60 g getrocknete Pflaumen
8 dünne Scheiben durchwachsener Speck
200 g gekochter Schinken
    (in dicken Scheiben)
12 Stängel Majoran
600 g grobes Kalbshackfleisch
200 g grobes Schweinehackfleisch
5 EL Sherry (Fino)
Salz
Pfeffer
1 TL Pökelsalz (vom Metzger)
2 Eier

AUSSERDEM
1 Eigelb
2 EL Sahne

> **Dazu passen ein Blattsalat, eingelegte Früchte, eine reife in Spalten geschnittene Birne und als Getränk gekühlter Rosé aus der Provence.**

ZUBEREITUNG

1. Mehl sieben und in die Mitte eine Mulde hineindrücken. Die Butter klein würfeln und mit 20 g Salz, Ei und 100 ml Wasser hinzufügen. Alles vermischen und auf einer bemehlten Arbeitsfläche zu einem glatten Teig verkneten. Mindestens 2 Stunden kalt stellen.

2. Den Backofen auf 225 °C vorheizen. Für die Füllung Mandeln mit 1 Prise Zucker in einer beschichteten Pfanne ohne Fett karamellisieren. Auf einem flachen Teller abkühlen lassen, mittelfein hacken, ebenso die Pistazien. Pflaumen und Speck fein würfeln. Schinken in 1 cm große Würfel schneiden. Majoran waschen, trocken schütteln, Blättchen abzupfen und fein hacken. Hackfleisch in einer Schüssel mit Mandeln, Pistazien, Pflaumen, Schinken, Speck, Majoran und Sherry gut mischen. Gut mit Salz, Pfeffer und Pökelsalz würzen. Die Eier verquirlen und untermischen. Mit Frischhaltefolie abgedeckt 30 Minuten kalt stellen.

3. Den Teig auf einer bemehlten Arbeitsfläche zu einem Rechteck (27 x 50 cm) ausrollen. In eine Pastetenform legen, vorsichtig mit den Fingern an die Formwand drücken. Die Füllung in der Form verteilen, mit einem angefeuchteten Löffel gut andrücken und die Teigränder über die Füllung schlagen. Überstehenden Teig abschneiden.

4. Restlichen Teig kurz zusammenkneten und dünn ausrollen. Daraus einen Deckel für die Pastete sowie kleine Motive ausstechen. Zwei Löcher in den Teigdeckel stechen. Eigelb mit Sahne verquirlen. Teigränder mit einem Teil davon bestreichen. Teigdeckel darauflegen, andrücken, mit den Teigmotiven verzieren und mit etwas Eigelbmasse bestreichen. Einen doppelt gefalteten Streifen Alufolie zusammenrollen und als „Kamin" in die beiden Löcher stecken.

5. Pastete im heißen Ofen (unten) 15 Minuten backen. Mit der restlichen Eigelbmasse bestreichen und bei 180 °C weitere 45 Minuten backen, dabei 15 Minuten vor Ende der Garzeit mit Alufolie abdecken. Aus dem Ofen nehmen, von der Alufolie befreien und abkühlen lassen. Über Nacht in den Kühlschrank stellen. 1 Stunde vor dem Servieren herausnehmen und in fingerdicke Scheiben schneiden.

Blätterteigpastete
MIT ZWEIERLEI FISCH

ZUTATEN FÜR 1 PASTETE
1 Pastetenform (30 cm Länge)

FÜR DIE FÜLLUNG
150 g TK-Spinat
300 g Zanderfilet
   (ohne Haut und Gräten)
125 g eiskalte Sahne
Salz
frisch gemahlener schwarzer Pfeffer
2 Lachsforellenfilets
   (ohne Haut und Gräten)

FÜR DEN TEIG
1 Portion Blätterteig (siehe Seite 21;
   alternativ 500 g Blätterteig aus
   dem Kühlregal)

AUSSERDEM
1–2 Eigelb zum Bestreichen

ZUBEREITUNG

1. Den Backofen 200 °C vorheizen.

2. Für die Füllung den Spinat auftauen. Zanderfilet abspülen, trocken tupfen, klein würfen und 30 Minuten in das Gefrierfach geben. Anschließend den Spinat fein hacken. Zander und Sahne im Standmixer pürieren. Mit Salz und Pfeffer würzen. Zuletzt den Spinat unter die Farce mischen. Lachsforellenfilets abspülen, trocken tupfen, mit Salz und Pfeffer würzen und aufeinanderlegen.

3. Blätterteig auf eine Arbeitsfläche legen. Vom Teig 4–5 1 cm breite Streifen abschneiden, dann die Streifen nochmals halbieren. Einen Teil der Zander-Spinat-Farce in länglicher Bahn auf den übrigen Blätterteig streichen. Die Lachsforellenfilets daraufl egen und vollständig mit der restlichen Farce bestreichen. Die Füllung vorsichtig in den Blätterteig einschlagen und die Teigenden mit einer Rechts-links-Bewegung zusammendrücken. Eigelb(e) verquirlen und die Blätterteigrolle mit einem Teil davon bestreichen. Die Teigstreifen daraufl egen und mit dem restlichen Eigelb bestreichen.

4. Die Pastete vorsichtig auf ein mit Backpapier ausgelegtes Backblech setzen und im heißen Ofen (unten) 30 Minuten backen. Zum Servieren mit einem Sägemesser aufschneiden.

HERZHAFTE KLEINIGKEITEN

Ob unterhaltsamer Gästeempfang, geselliger Spiele- oder gemütlicher Fernsehabend, als kreatives Mitbringsel oder auch einfach „nur so" zum Naschen zwischendurch: Unsere salzigen Kleinigkeiten machen immer gute Laune und lassen die Herzen der Gäste höherschlagen. Besonders gute Laune machen (nicht nur uns selbst) unsere Käse-Windbeutel (Seite 152), die in Nullkommanichts gemacht sind. Aber Vorsicht, die sind schneller weg, als man denkt!

Cracker
À LA PAULA

ZUTATEN FÜR 30 CRACKER

150 g Dinkelmehl (Type 630)
Salz
40 g sehr kalte Butter
70 ml Milch
Gewürzsalz zum Bestreuen

ZUBEREITUNG

1. Den Backofen auf 220 °C vorheizen.

2. Mehl und ½ TL Salz in eine Schüssel geben. Die Butter in Stückchen zerkleinern, mit der Milch hinzufügen und zügig mit der Mehlmischung zu einem Teig verkneten.

3. Den Teig auf einer Arbeitsfläche dünn ausrollen. Aus der Teigplatte mit einem Teigrad kleine Cracker schneiden und diese auf ein mit Backpapier ausgelegtes Backblech legen. Zuletzt die Teiglinge mit Gewürzsalz bestreuen.

4. Die Cracker im heißen Ofen (Mitte) 8–10 Minuten backen.

Die Cracker passen
als Knabbergebäck
zu jeder Party oder
zu einem Spiele-
abend.

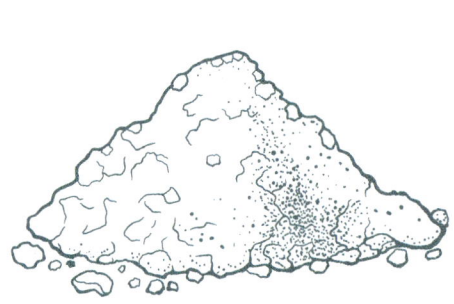

Brotchips mit
ROSMARIN UND FLEUR DE SEL

ZUTATEN

1 Baguette vom Vortag
   (alternativ anderes Brot)
4 EL Olivenöl
4 Zweige Rosmarin
1 TL Fleur de Sel

ZUBEREITUNG

1. Den Backofen auf 200 °C vorheizen.

2. Das Baguette in ca. 3 mm dünne Scheiben schneiden. Diese auf ein mit Backpapier ausgelegtes Backblech legen und mit dem Olivenöl bestreichen. Rosmarin waschen, trocken schütteln und die Nadeln abzupfen. Die Brotscheiben mit Fleur de Sel und den Rosmarin-nadeln bestreuen.

3. Die Chips im heißen Ofen (Mitten) in 10 Minuten goldbraun rösten.

Mit diesem Rezept kann man altbackenes Brot wunderbar weiter verwerten.

Grissini
AUS HEFETEIG

ZUTATEN FÜR **30 STÜCK**

80 g italienischer Hartweizengrieß
  (Samia di Grano Duro Rimacinata)
170 g Mehl (z. B. Weizenmehl Type 550),
  plus mehr zum Arbeiten
½ Pck. Trockenhefe
Zucker
2 EL Olivenöl
Salz

AUSSERDEM
Salz zum Bestreuen
  (alternativ Sesam)

ZUBEREITUNG

1. Grieß, Mehl, Trockenhefe, 1 Prise Zucker, Öl und 1 Prise Salz mit 125 ml Wasser in eine Schüssel geben und gut zu einem glatten Teig verkneten. Den Teig mit einem feuchten Küchentuch abdecken und 45 Minuten gehen lassen.

2. In der Zwischenzeit den Backofen auf 200 °C vorheizen und eine feuerfeste Schale mit Wasser auf den Ofenboden stellen.

3. Den Teig auf eine bemehlte Arbeitsfläche geben und kurz durchkneten. Zu einem 5 mm dicken Rechteck ausrollen und dieses mit einem Teigrad in 1 cm breite Streifen schneiden. Die Streifen vorsichtig auf ein mit Backpapier ausgelegtes Backblech legen. Mit etwas Wasser bestreichen und mit 1 TL Salz bestreuen.

4. Die Grissini im heißen Ofen (Mitte) in 10 Minuten goldbraun backen.

Grissini kann man als Snack zu alkoholischen Getränken knabbern oder als Beilage für Suppen, Käse und Wurst oder zu Dips reichen.

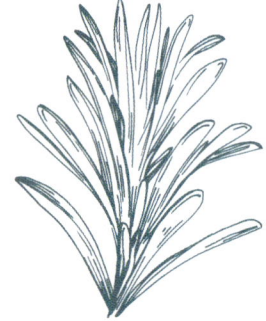

SABINES
Grissini

ZUTATEN FÜR **CA. 60 STÜCK**

5 Zweige Thymian
360 g Mehl (z. B. Weizenmehl
 Type 550)
½ Würfel frische Hefe (21 g)
1 EL Zucker
150 ml Milch
1 Eiweiß
Salz
7 EL Olivenöl
Meersalz (alternativ Gewürzsalz)
 zum Bestreuen

ZUBEREITUNG

1. Den Backofen auf 200 °C vorheizen.

2. Den Thymian waschen, trocken schütteln, Nadeln abzupfen und hacken. Mehl in eine Rührschüssel geben. Die Hefe mit dem Zucker in
   der lauwarmen Milch auflösen. Die Mischung in die Schüssel zum
   Mehl gießen. Eiweiß, 1 TL Salz und gehackten Thymian hinzufügen
   und alles mit den Knethaken des Handrührgeräts zu einem glatten
   Teig kneten.

3. Von dem Teig 10 g schwere Portionen abstechen, diese zu Röllchen
   und dann zu Grissini formen. Auf ein mit Backpapier ausgelegtes
   Backblech geben, mit dem Olivenöl bestreichen und mit dem Salz
   bestreuen. Die Grissini im heißen Ofen (Mitte) 15 Minuten backen.

Diese Grissini
sind das ideale
Knabbergebäck
zu einem
Fest.

Schuxen
AUS HEFETEIG

ZUTATEN FÜR **CA. 50 STÜCK**

500 g Weizenmehl (Type 405)
500 g Roggenmehl (Type 610)
625 ml Milch (3,5 % Fett)
1 Würfel frische Hefe (42 g)
Zucker
Salz
1250 g Butterschmalz
1 EL Schweinefett
  (davon werden die
  Schuxen knuspriger)

ZUBEREITUNG

1. Die Mehle auf eine Arbeitsfläche sieben und in die Mitte eine Mulde hineindrücken. Die Milch lauwarm erwärmen. Die Hefe zerbröseln, mit 1 Prise Zucker und etwas lauwarmer Milch in einer Schüssel verrühren. Die Mischung in die Mulde geben und 15 Minuten gehen lassen. Dann die übrige lauwarme Milch und 25 g Salz hinzufügen und alles kneten, bis der Teig Blasen wirft. Den Teig in eine Schüssel geben, mit einem feuchten Tuch abdecken und ca. 30 Minuten an einem warmen Ort gehen lassen, bis sich sein Volumen verdoppelt hat.

2. Anschließend aus dem Hefeteig Kugeln in Golfballgröße formen. Diese ausrollen und zu ovalen 2 mm dicken Schuxen formen (länglich ausziehen). Die Teiglinge auf die Arbeitsfläche legen, mit einem Tuch abdecken und nochmals 30 Minuten gehen lassen.

3. In der Zwischenzeit das Butterschmalz mit dem Schweinefett in einem großen Topf erhitzen; es ist heiß genug, wenn an einem hineingetauchten Holzkochlöffelstiel Bläschen aufsteigen. Die Teiglinge mit der Oberseite nach unten in das heiße Fett einlegen, hell anbacken, wenden und weiter backen, bis sie knusprig sind. Dann auf Küchenpapier abtropfen lassen und servieren.

Schuxen passen
zu Sauerkraut,
Kartoffel- und
anderen
Suppen.

Käsegebäck

ZUTATEN FÜR CA. 40 STÜCK

125 g kalte Butter
250 g Mehl
  (z. B. Weizenmehl Type 405)
1 TL Backpulver
Salz
1 Msp. Paprikapulver
1 Ei
125 g Sahne
100 g geriebener Emmentaler
75 g geriebener Parmesan

AUSSERDEM
1 Eigelb
Sesam zum Bestreuen (alternativ
  Kümmel- oder Mohnsamen)

ZUBEREITUNG

1. Den Backofen auf 200 °C vorheizen.

2. Für den Teig die Butter würfeln. Mehl, Backpulver, ½ TL Salz und Paprikapulver mit der Butter zerkrümeln. Mit Ei, Sahne und Käse kurz zu einem Mürbeteig verkneten (siehe Seite 13). Den Teig dünn ausrollen und daraus die gewünschten Formen ausstechen. Die Teiglinge auf ein mit Backpapier ausgelegtes Backblech legen und mit Eigelb bestreichen.

3. Das Gebäck mit Sesam bestreuen und im heißen Ofen (Mitte) 10–15 Minuten goldgelb backen, dabei nicht zu braun werden lassen.

Feta-Stangen
MIT OLIVEN

ZUTATEN CA. 10 STÜCK

100 g grüne Oliven (ohne Stein,
    alternativ schwarze)
400 g Feta
500 g Mehl (z. B. Weizenmehl
    Type 1050)
1 Würfel frische Hefe (42 g)
1 Ei
Salz
Zucker
1–2 TL Paprikapulver
Pfeffer

ZUBEREITUNG

1. Den Backofen auf 220 °C (Umluft) vorheizen.

2. Oliven grob hacken. Feta in kleine Stücke zerbröckeln. Mehl, Hefe, Ei, 1 TL Salz, 1 Prise Zucker, Paprikapulver und etwas Pfeffer mit 300 ml Wasser mit den Knethaken des Handrührgeräts in 5 Minuten zu einem glatten Teig verarbeiten. Dann Oliven und Feta rasch unterkneten. Den Teig an einem warmen Ort 30 Minuten gehen lassen.

3. Anschließend den Teig auf ein mit Backpapier ausgelegtes Backblech legen und zu einem 5 mm dicken Fladen ausrollen. Diesen mit einem Messer oder Pizzarad längs und quer in ungleichmäßige Streifen schneiden. Die Teigstreifen noch einmal flach ausrollen und 20–30 Minuten gehen lassen.

4. Die Feta-Stangen im heißen Ofen (Mitte) 20 Minuten backen.

Die Stangen passen
auf jeden Partytisch,
zum Frühschoppen
oder Spieleabend.

ÜBERRASCHENDE
Quarktaschen

Nach dem Ende des Weihnachtstrubels lud uns Eva-Marias Freundin Maria nach Helgoland ein. Wir ließen uns den Wind kräftig um die Nase blasen und unsere Seelen baumeln, da die Touristenmengen überschaubar waren. Marias Sohn Max überraschte uns spontan an seinem Geburtstag damit, dass er am Abend Freunde eingeladen hatte und bat uns, einen Snack zuzubereiten.

Was tun? Wir mussten improvisieren und die Einkaufsmöglichkeiten von Lebensmitteln waren dort begrenzt. Es kamen uns Quarktaschen in den Sinn. Diese sind nicht so aufwändig und man kann sie vielfältig füllen. Es sollte ja nur ein kleiner Snack sein. Im Nu waren die Platten leer und die Begeisterung war groß. Mit so etwas hatten die Gäste nicht gerechnet!

Gefüllte
QUARKTEIGTASCHEN

ZUTATEN FÜR **CA. 50 STÜCK**

FÜR DEN TEIG

1 Portion Quarkteig
   (siehe Seite 17)

FÜR DIE FÜLLUNG

100 g gekochter Schinken
   (in dünnen Scheiben)
100 g Bergkäse
   (in dünnen Scheiben)
100 g Frischkäse
1 TL mittelscharfer Senf
Paprikapulver
gehackte Petersilie

AUSSERDEM

1 Eigelb
2 EL Milch

ZUBEREITUNG

1. Den Backofen auf 180 °C vorheizen.

2. Den Teig nach Grundrezept zubereiten. Zu einem 5 mm dicken Teigband ausrollen und daraus 8 cm große Quadrate schneiden.

3. Für die Füllung Schinken und Käse klein würfeln. Beides mit dem Frischkäse mischen. Mit Senf und etwas Paprikapulver würzen. Zuletzt etwas gehackte Petersilie unterrühren.

4. Jeweils 1 TL Füllung in die Mitte der Teigquadrate setzen. Diese zu Dreiecken zusammenklappen und die Ränder zusammendrücken. Das Eigelb mit der Milch verquirlen. Die Dreiecke auf ein mit Back-backpapier ausgelegtes Blech setzen und mit der Eigelb-Milch-Mischung bestreichen. Die Teigtaschen im heißen Ofen (Mitte) in 20–25 Minuten goldgelb backen.

Am besten schmecken die Teigtaschen lauwarm. Sie sind elegante Häppchen zum Sekt oder Champagner.

Irische Scones
MIT KÄSE UND TOMATEN

ZUTATEN FÜR **12–16 SCONES**

450 g Mehl (z. B. Weizenmehl
  Type 550),
  plus mehr zum Arbeiten
1 TL Backpulver
Cayennepfeffer
Salz
110 g kalte Butter
8 schwarze Oliven (ohne Stein)
4 getrocknete Tomaten
50 g geriebener reifer Cheddar
2 Eier
200–300 ml Milch

ZUBEREITUNG

1. Den Backofen 180 °C vorheizen.

2. Das Mehl sieben. Mit Backpulver, 1 Prise Cayennepfeffer und 1 TL Salz auf eine Arbeitsfläche geben. In die Mitte eine Mulde in die Mehlmasse hineindrücken. Die Butter würfeln, in die Mulde geben und alles zerkrümeln, bis die Konsistenz Paniermehl gleicht.

3. Oliven und Tomaten grob zerkleinern. Cheddar, Oliven, Tomaten zur Mehl-Butter-Masse hinzufügen und alles miteinander vermengen. Mit 1 Ei und so viel Milch vermengen, bis ein weicher, feuchter Teig entsteht, aber nur so lange kneten, dass sich die Zutaten verbinden.

4. Teig auf einer gut bemehlten Arbeitsfläche 3 cm dick ausrollen. Daraus mit einem bemehlten Glas (Ø ca. 7–8 cm) Scones ausstechen.

5. Die Scones auf ein mit Backpapier belegtes Backblech legen. Das restliche Ei verquirlen und die Scones damit bestreichen. Im heißen Ofen (Mitte) in 30 Minuten goldbraun backen.

Wer es noch käsiger mag, kann die Teiglinge vor dem Backen zusätzlich mit geriebenem Cheddar bestreuen. Zu den Scones passt ein Guinness.

Spinattörtchen

ZUTATEN FÜR 12 STÜCK

FÜR DEN TEIG

250 g Mehl (z. B. Weizenmehl 550),
   plus mehr zum Arbeiten
125 g weiche Butter, plus mehr
   für die Form
1 Ei
Salz

FÜR DIE FÜLLUNG

300 g Blattspinat
Salz
4 Frühlingszwiebeln
2 Knoblauchzehen
300 g Crème fraîche
3 Eier
200 g Sahne
80 g geriebener Parmesan
Pfeffer
frisch geriebene Muskatnuss

AUSSERDEM

Muffinblech

ZUBEREITUNG

1. Den Backofen auf 180 °C vorheizen.

2. Für den Teig Mehl mit Butter, Ei und 1 Prise Salz glatt verkneten, dabei nach Bedarf etwas kaltes Wasser hinzufügen. Zu einer Kugel formen, in Frischhaltefolie wickeln und 30 Minuten kalt stellen.

3. Für die Füllung Spinat waschen, trocken schleudern und in Salzwasser 1 Minute blanchieren. Dann abschrecken, gut abtropfen lassen, ausdrücken und grob hacken. Frühlingzwiebeln waschen, putzen und in Ringe schneiden. Knoblauch schälen und fein hacken. Crème fraîche, Eier, Sahne, Parmesan und Knoblauch glatt rühren. Mit Salz, Pfeffer und etwas Muskat würzen.

4. Die Mulden eines Muffinblechs fetten. Den Mürbeteig auf einer bemehlten Arbeitsfläche ca. 4 mm dick ausrollen. Aus dem Teig zwölf Kreise (Ø ca. 10–12 cm) ausstechen. Diese in die Mulden der Muffinform legen. Die Spinatmischung gleichmäßig auf die Teigböden verteilen. Zuletzt mit der Eiermasse übergießen.

5. Die Törtchen im heißen Ofen (Mitte) 30 Minuten backen. Anschließend warm servieren.

Man kann zum Backen auch eine große Quicheform verwenden. Zu den Törtchen lässt sich super ein Prosecco trinken.

Parmesan-Muffins
MIT OLIVEN-GREMOLATA

ZUTATEN FÜR **12 STÜCK**

FÜR DIE MUFFINS

2 EL Butter, plus mehr für die Form
3 rote Zwiebeln
1 TL brauner Zucker
1 EL Aceto balsamico
100 g Parmesan
10 Eier
150 g saure Sahne
Salz
Pfeffer

FÜR DIE GREMOLATA

je 50 g grüne und schwarze Oliven
   (ohne Stein)
4 Stängel Petersilie
1 Knoblauchzehe
1–2 TL Zitronensaft
Pfeffer

AUSSERDEM

Muffinblech

ZUBEREITUNG

1. Für die Muffins den Backofen auf 160 °C (Umluft) vorheizen. Die Mulden des Muffinblechs fetten.

2. Zwiebeln schälen, halbieren und in Streifen schneiden. Butter in einem Topf schmelzen und die Zwiebeln darin unter Rühren 5 Minuten weich andünsten. Braunen Zucker und Aceto balsamico zugeben und alles ca. 5 Minuten köcheln lassen. Dann abkühlen lassen.

3. Parmesan fein reiben. Eier und saure Sahne damit verrühren. Mit Salz und Pfeffer gut würzen. Die Mischung in die Mulden des Muffinblechs füllen. Die Zwiebelmasse darauf verteilen. Die Muffins im heißen Ofen (Mitte) 25–30 Minuten backen.

4. Für die Gremolata die Oliven klein schneiden. Die Petersilie waschen, trocken schütteln, Blättchen abzupfen und grob hacken. Den Knoblauch schälen und sehr fein hacken. Oliven, Knoblauch, Petersilie und Zitronensaft verrühren. Zuletzt mit Pfeffer abschmecken.

5. Die fertigen Muffins aus dem Ofen nehmen und 5 Minuten abkühlen lassen. Danach aus den Mulden lösen und servieren. Die Oliven-Gremolata dazu reichen.

PARMASCHINKEN-ZUCCHINI-
Küchlein

ZUTATEN FÜR **12 STÜCK**

1 Knoblauchzehe
1 Ei
100 g Mascarpone
Salz
frisch gemahlener schwarzer Pfeffer
frisch geriebene Muskatnuss
1 große Zucchini
2 EL Olivenöl zum Braten
500 ml Gemüsebrühe
125 g Polenta (Maisgrieß)
50 g geriebener Parmesan
12 Scheiben Parmaschinken

AUSSERDEM
Muffinblech
12 Papier-Muffinförmchen

Die Küchlein
kann man prima als
Vorspeise oder als
Partyhäppchen
reichen.

ZUBEREITUNG

1. Den Backofen auf 200 °C vorheizen. Das Muffinblech mit zwölf Papierförmchen auslegen.

2. Knoblauch schälen und fein hacken. Ei und Mascarpone damit verrühren. Mit Salz, Pfeffer und etwas Muskat abschmecken.

3. Zucchini waschen, putzen und längs in zwölf schmale Streifen schneiden. Olivenöl in einer Pfanne erhitzen und die Zucchinischeiben darin von beiden Seiten anbraten.

4. Gemüsebrühe aufkochen. Polenta langsam hineinrühren und nach Packungsanweisung garen. Dann den Parmesan unterheben. Die Masse gleichmäßig in die Förmchen verteilen und glattstreichen.

5. Parmaschinken der Länge nach halbieren und die Hälften übereinanderlegen. Je eine Zucchinischeibe auf eine Scheibe Parmaschinken legen. Jeweils zu einer Schnecke in der Größe der Muffinmulden aufrollen. Die Schnecken in die Förmchen auf die Polenta geben und ein wenig andrücken. Die Mascarpone-Ei-Masse gleichmäßig darüber verteilen.

6. Die Küchlein im heißen Ofen (Mitte) 20–25 Minuten backen. Sollten sie zu dunkel werden, mit Alufolie abdecken.

Herzhafte Waffeln
MIT SCHNITTLAUCH-RICOTTA-DIP

ZUTATEN FÜR 8 WAFFELN

FÜR DIE WAFFELN
50 g Butter
2 Eier
125 g Mehl (z. B. Weizenmehl
    Type 550)
1 TL Backpulver
1 TL Tomatenmark
150 ml Milch
Salz
frisch gemahlener
    schwarzer Pfeffer
100 g Pecorino
50 g Salami
Chiliflocken
1 TL getrocknete
    italienische Kräuter

FÜR DEN DIP
250 g Ricotta
20 ml Milch
Salz
frisch gemahlener
    schwarzer Pfeffer
½ Bund Schnittlauch

AUSSERDEM
Fett für das Waffeleisen

ZUBEREITUNG

1. Ein Waffeleisen vorheizen.

2. In einem kleinen Topf die Butter schmelzen und etwas abkühlen lassen. Die Eier trennen. Eiweiße steif schlagen und bis zur Verwendung kalt stellen. Mehl und Backpulver in eine Schüssel sieben. Eigelbe, flüssige Butter und Tomatenmark in einer Schüssel cremig rühren. Die Mehlmischung abwechselnd mit insgesamt 150 ml Milch unter die Ei-Butter-Masse rühren. Den Teig mit Salz und Pfeffer würzen und 10 Minuten quellen lassen.

3. In der Zwischenzeit den Pecorino fein reiben. Die Salami so fein wie möglich würfeln.

4. Für den Dip den Ricotta mit der Milch glatt rühren und mit Salz und Pfeffer abschmecken. Schnittlauch waschen, trocken schütteln, in feine Röllchen schneiden und unter die Ricottamasse rühren.

5. Das Waffeleisen fetten. 1 Prise Chiliflocken, Pecorino, Salami und getrocknete Kräuter unter den Teig rühren. Zuletzt den Eischnee unterheben. Aus dem Teig Waffeln backen, bis er aufgebraucht ist. Die fertigen Waffeln mit dem Ricotta-Dip servieren.

Kartoffel-WAFFELN

ZUTATEN FÜR **8 WAFFELN**

200 g Mehl (z. B. Weizenmehl
   Type 550)
125 ml Milch
20 g frische Hefe
Zucker
800 g mehligkochende Kartoffeln
3 Eier
Salz
frisch gemahlener schwarzer Pfeffer
frisch geriebene Muskatnuss
100 g durchwachsener
   Speck mit Schwarte
1 Zwiebel

ZUBEREITUNG

1. Das Mehl in eine Schüssel sieben. Die Milch lauwarm erwärmen. Hefe und 1 Prise Zucker mit 3–4 EL lauwarmer Milch glatt rühren. In die Schüssel geben und alles zu einem Vorteig vermischen. Abdecken und den Vorteig an einem warmen Ort 30 Minuten gehen lassen.

2. Die Kartoffeln schälen, waschen und grob raspeln. Die Eier trennen. Den Vorteig mit der restlichen lauwarmen Milch und den Eigelben verrühren. Die Kartoffeln untermischen. Die Masse gut mit Salz, Pfeffer, Muskat würzen.

3. Speck in kleine Würfel schneiden und die Speckschwarte beiseitelegen. Zwiebel schälen und fein hacken. Speck in einer Pfanne auslassen, knusprig braten und dann das Fett abgießen. Die Zwiebel mit dem Speck kurz anbraten. Die Eiweiße mit 1 Prise Salz steif schlagen. Speckwürfel und Zwiebeln unter den Kartoffelteig rühren. Zuletzt den Eischnee unterziehen.

4. Ein Waffeleisen mit der Speckschwarte fetten und erhitzen. Aus dem Teig darin nacheinander 8 Waffeln ausbacken. Dabei das Waffeleisen immer wieder mit der Speckschwarte fetten.

Dazu passt
ein frischer
Kopfsalat.

Tomaten-Mozzarella-
WAFFELN

ZUTATEN FÜR CA. **7 WAFFELN**

280 g Mehl (z. B. Weizenmehl
  Type 550)
Salz
frisch gemahlener Pfeffer
15 g frische Hefe
2 Eier
3 EL Olivenöl
3 Stängel Basilikum
6 getrocknete Tomaten (in Öl)
150 g Mozzarella
50 g geriebener Parmesan

AUSSERDEM
Fett für das Waffeleisen

ZUBEREITUNG

1. Ein Waffeleisen vorheizen und fetten.

2. Das Mehl in eine Schüssel sieben und mit ½ TL Salz und etwas Pfeffer vermischen. Die Hefe in 250 ml lauwarmes Wasser bröckeln und gut verrühren. Das Hefewasser mit dem Mehl vermischen. Eier und Öl unterrühren.

3. Basilikum waschen, trocken schütteln, Blättchen abzupfen und hacken. Tomaten abtropfen lassen, dabei das Öl auffangen. Mozzarella klein hacken. Tomaten, 3 EL des aufgefangenen Öls, Mozzarella, die Hälfte des Basilikums und den Parmesan unter den Teig mengen.

4. Eine kleine Kelle Teig in das Waffeleisen geben und in 2 Minuten zu einer Waffel backen. So weiter verfahren, bis der Teig aufgebraucht ist.

5. Die Tomaten-Mozzarella-Waffeln auf Platten oder Tellern anrichten und mit dem restlichen Basilikum bestreut servieren.

Dazu schmeckt
ein lauwarmer
Gemüsesalat
wunderbar.

Griechischer
HIRTENSCHMAUS

ZUTATEN FÜR **16 WINDBEUTEL**

FÜR DIE WINDBEUTEL
1 Portion Brandteig
(siehe Seite 20)

FÜR DIE FÜLLUNG
200 g Feta
1 rote Paprika
20 g Rucola
100 g Frischkäse
1 TL Olivenöl
Salz
Pfeffer
16 schwarze Oliven
(ohne Stein)

AUSSERDEM
Spritzbeutel mit großer Tülle

Als Variante in
die Füllung fein
geriebenen
Knoblauch
mischen.

ZUBEREITUNG

1. Den Backofen auf 200 °C vorheizen.

2. Für die Windbeutel den Teig nach Grundrezept zubereiten.

3. Den Teig in einen Spritzbeutel mit großer Tülle füllen und 16 walnussgroße Tupfen auf ein mit Backpapier ausgelegtes Backblech spritzen.
Die Windbeutel im heißen Ofen (Mitte) 30–35 Minuten backen, dabei
die Ofentür während der Backzeit nicht öffnen. Anschließend die
Windbeutel abkühlen lassen und quer halbieren.

4. Für die Füllung den Feta mit der Gabel in einer Schüssel zerdrücken.
Paprika halbieren, putzen, waschen und in kleine Würfel schneiden.
Rucola waschen, trocken schütteln, von harten Stielen befreien und
sehr fein schneiden. Paprika mit Rucola und Feta vermischen. Den
Frischkäse und das Olivenöl unterrühren. Die Füllung mit Salz und
Pfeffer würzen. Zuletzt 8 schwarze Oliven in feine Streifen schneiden
und untermischen.

5. Aus der Füllung mit zwei Teelöffeln kleine Nocken abstechen und
diese jeweils in die Windbeutelhälften setzen. Die restlichen Oliven
in Scheiben schneiden, die Füllung damit verzieren und den Hirten-
schmaus servieren.

Käse-
WINDBEUTELCHEN

ZUTATEN FÜR 16 WINDBEUTEL

1 Portion Brandteig (siehe Seite 20)
250 g gewürfelter Bergkäse
   (alternativ übrig gebliebene
   Käsestückchen)
1 Ei

ZUBEREITUNG

1. Den Backofen auf 200 °C vorheizen.

2. Den Teig nach Grundrezept zubereiten. Wenn er noch handwarm ist, den Käse zugeben.

3. Von dem Teig mit zwei Teelöffeln walnussgroße Nocken abstechen und diese in etwas Abstand voneinander auf ein mit Backpapier ausgelegtes Backblech setzen.

4. Das Ei glatt verquirlen. Die Windbeutel damit bestreichen und im heißen Backofen (Mitte) 25–30 Minuten backen.

Die
Käse-Windbeutelchen
passen perfekt zu einem
Glas Wein, Sekt oder
zum Aperitif.
Frisch schmecken
sie am besten.

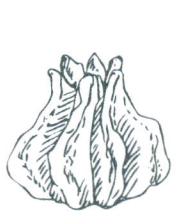

Häppchen
MIT ROQUEFORT UND BIRNE

ZUTATEN FÜR **16 WINDBEUTEL**

FÜR DIE WINDBEUTEL
1 Portion Brandteig (siehe Seite 20)

FÜR DIE FÜLLUNG
150 g Roquefort
2 EL Frischkäse
8 Walnusskerne
1 Birne
1 EL Zitronensaft

AUSSERDEM
Spritzbeutel mit großer Tülle

ZUBEREITUNG

1. Den Backofen auf 200 °C vorheizen.

2. Für die Windbeutel den Teig nach Grundrezept zubereiten.

3. Den Teig in einen Spritzbeutel mit großer Tülle füllen und 16 walnussgroße Tupfen auf ein mit Backpapier ausgelegtes Backblech spritzen. Die Windbeutel im heißen Ofen (Mitte) 30–35 Minuten backen, dabei die Ofentür während der Backzeit nicht öffnen. Anschließend abkühlen lassen und quer halbieren.

4. Für die Füllung den Roquefort mit dem Frischkäse zerdrücken. Von der Masse mit einem Teelöffel kleine Nocken abstechen und diese jeweils in die unteren Windbeutelhälften geben.

5. Die Walnusskerne halbieren. Die Birne waschen, das Kerngehäuse entfernen und die Birne in 16 dünne Schnitze schneiden. Diese mit Zitronensaft beträufeln. Jeweils 1 Birnenschnitz und 1 Walnusshälfte dekorativ auf die Roquefort-Masse setzen und die obere Windbeutelhälfte vorsichtig darauf platzieren.

Als Variante kann man anstatt des Roqueforts auch jeden anderen Blauschimmelkäse verwenden.

Gourmet-Windbeutel
MIT LACHS

ZUTATEN FÜR 16 WINDBEUTEL

FÜR DIE WINDBEUTEL
1 Portion Brandteig (siehe Seite 20)

FÜR DIE FÜLLUNG
½ Bund Dill
300 g Frischkäse
1 Spritzer Zitronensaft
100 g Räucherlachs
grob gemahlener bunter Pfeffer

AUSSERDEM
Spritzbeutel mit großer Tülle

ZUBEREITUNG

1. Den Backofen auf 200 °C vorheizen.

2. Für die Windbeutel den Teig nach Grundrezept zubereiten.

3. Den Teig in einen Spritzbeutel mit großer Tülle füllen und 16 walnussgroße Tupfen auf ein mit Backpapier ausgelegtes Backblech spritzen. Die Windbeutel im heißen Ofen (Mitte) 30–35 Minuten backen, dabei die Ofentür während der Backzeit nicht öffnen. Anschließend abkühlen lassen und quer halbieren.

4. Für die Füllung den Dill waschen, trocken schütteln, Spitzen abzupfen und fein hacken. Frischkäse mit Dill und Zitronensaft vermengen. 60 g Lachs mit einem Messer klein schneiden und unter die Frischkäsemasse mischen. Mit einem Teelöffel kleine Nocken von der Crememischung abstechen und diese jeweils in die unteren Windbeutelhälften setzen. Mit Pfeffer bestreuen.

5. Den restlichen Lachs in 16 kleine Streifen schneiden und die Creme damit verzieren. Jeweils die obere Windbeutelhälfte darauf platzieren und die Gourmet-Windbeutel servieren.

Tartelettes
MIT SCAMPI

ZUTATEN FÜR 6 TARTELETTES
6 Tartelette-Förmchen (Ø 10 cm)

FÜR DEN TEIG
½ Portion Blätterteig (siehe Seite 21;
   alternativ 270 g Blätterteig aus
   dem Kühlregal)

FÜR DEN BELAG
36 Scampi-Schwänze
5 cl Whisky
10 g Butter
2 Schalotten
2 gehäufte EL Crème double
Salz
Pfeffer
1 EL Schnittlauchröllchen
6 Stängel Schnittlauch

AUSSERDEM
getrocknete Hülsenfrüchte
   zum Blindbacken

ZUBEREITUNG

1. Den Backofen auf 180 °C vorheizen.

2. Den Blätterteig ausrollen und daraus sechs Kreise (Ø 12 cm) ausstechen. Die Tartelette-Formen mit den Teiglingen auskleiden. Böden und Ränder mit einer Gabel einstechen. Den Teig mit Backpapier bedecken, mit getrockneten Hülsenfrüchten beschweren und im heißen Ofen (Mitte) 10 Minuten blind backen.

3. Für den Belag eine beschichtete Pfanne sehr stark erhitzen. Die Scampi-Schwänze darin von beiden Seiten 2 Minuten anbraten. Mit dem Whisky begießen, flambieren und beiseitestellen.

4. In einer zweiten Pfanne die Butter erhitzen. Die Schalotten schälen, hacken und darin bei mittlerer Hitze 5 Minuten anbraten. Crème double einrühren, alles mit Salz und Pfeffer abschmecken und 5 Minuten einköcheln lassen. Dann die Scampi-Schwänze hinzufügen. Zuletzt die Schnittlauchröllchen darüberstreuen und den Belag unter ständigem Rühren 1 Minute weiter köcheln lassen.

5. Danach den Belag auf den Teigböden anrichten. Die Tartelettes jeweils mit den Schnittlauchhalmen garnieren und warm servieren.

Die Scampi können durch Riesengarnelen ersetzt werden, und anstelle von Whisky kann man auch Cognac verwenden. Zu dieser festlichen Vorspeise reicht man stilecht Champagner oder Prosecco.

Käse-
SOUFFLÉS

ZUTATEN FÜR **4 SOUFFLÉS**

50 g Butter, plus mehr
   für die Förmchen
5 Eier
Salz
Paprikapulver
200 g geriebener Emmentaler
200 g saure Sahne
2 EL Mehl

AUSSERDEM
Semmelbrösel für die Förmchen
   und zum Bestreuen

ZUBEREITUNG

1. Den Backofen auf 200 °C vorheizen. 4 Förmchen mit geschmolzener Butter ausstreichen und mit Semmelbröseln ausschwenken.

2. Die Eier trennen und die Eiweiße steif schlagen. Butter, Eigelbe, Salz und etwas Paprikapulver sehr schaumig rühren. Dann abwechselnd Emmentaler und saure Sahne unterrühren. Das Mehl unterrühren. Zuletzt den Eischnee vorsichtig unterheben.

3. Die Masse in die vorbereiteten Förmchen geben und mit Semmel- bröseln bestreuen. Die Förmchen in eine mit etwas Wasser gefüllte Backpfanne stellen. Die Soufflés im heißen Ofen ca. 20 Minuten ba- cken. Anschließend warm servieren.

Dazu schmeckt
ein frischer Tomatensalat.
Ein leichter, spritziger
Veltliner harmoniert
hervorragend
mit dem Soufflé.

PIZZA & FLAMMKUCHEN

Kennst du jemanden, der Pizza oder Flammkuchen nicht mag? Wir nicht!
Das Beste ist: Beides lässt sich in relativ kurzer Zeit selbst herstellen.
Und weil das Ergebnis so gut schmeckt, haben wir schon lange vergessen,
wo das Tiefkühlregal im Supermarkt ist. Beim Mehl hast du die Wahl zwischen
hellerem 405er-Mehl (italienisch Tipo 00) oder dem etwas mineralstoffhaltigeren
550er (italienisch Tipo 0). Mit Type 405 wird der Teig etwas heller und
geschmeidiger, dafür ist Type 550 weniger glutenhaltig und der Teig schmeckt
etwas kräftiger. Probier doch beides aus und entscheide selbst,
was dir besser schmeckt!

RENATES
Pizzabrötchen

ZUTATEN FÜR **20 PIZZABRÖTCHEN**

1 eingelegte Tomatenpaprika
200 g Salami (alternativ Schinken)
250 g geriebener Käse nach Wahl,
    plus mehr zum Bestreuen
200 g Sahne
200 g Crème fraîche
Salz
je 1 TL gehackte(r) Rosmarin, Thymian,
    Petersilie und Schnittlauch
20 Baguettescheiben (alternativ
    Toastbrotscheiben)

ZUBEREITUNG

1. Den Backofen auf 180 °C (Umluft) vorheizen und ein Backblech mit Backpapier auslegen.

2. Tomatenpaprika und Salami sehr klein schneiden. Mit Käse, Sahne und Crème fraîche vermischen. Zuletzt mit etwas Salz und den Kräutern abschmecken.

3. Die Masse auf den Brotscheiben verteilen. Die Pizzabrötchen auf das Backblech geben, mit dem Käse bestreuen und im heißen Backofen (Mitte) 20 Minuten überbacken, bis der Käse geschmolzen ist.

4. Die Brötchen sofort servieren.

Als kleinen Snack
zu einem kühlen
Bier reichen.

Veggie-Pizza
„COLOUR BEAUTY"

ZUTATEN FÜR **1 PIZZABLECH**

FÜR DEN TEIG

½ Würfel frische Hefe (21 g)
1 EL flüssiger Honig
375 g Dinkelvollkornmehl,
   plus mehr zum Arbeiten
Salz
5 EL Olivenöl

FÜR DEN BELAG

1 Knoblauchzehe
250 g passierte Tomaten
Salz
Pfeffer
getrockneter Oregano
1 große gelbe Paprika
300 g Kirschtomaten
350 g Möhren
150 g Feta
50 g Baby-Salat-Mix
4 EL Weißweinessig
3 EL Olivenöl

ZUBEREITUNG

1. Hefe, Honig und 5 EL lauwarmes Wasser verrühren und die Masse 5 Minuten ruhen lassen. Mehl mit 1 gestrichenen TL Salz in einer Schüssel vermischen. Hefemasse, 150 ml lauwarmes Wasser und Olivenöl zugeben und alles zu einem glatten Teig verkneten. Den Teig abgedeckt 1 Stunde gehen lassen.

2. Den Backofen auf 200 °C (Umluft) vorheizen.

3. Knoblauch schälen und fein hacken. Mit den passierten Tomaten in einem Topf erhitzen und ca. 5 Minuten köcheln lassen. Mit Salz, Pfeffer und Oregano abschmecken.

4. Paprika halbieren, putzen, waschen und in Streifen schneiden. Kirschtomaten waschen und halbieren.

5. Den Teig auf einem mit Backpapier ausgelegten Backblech rechteckig ausrollen. Den Teigboden mit der Tomatensauce bestreichen und mit der Paprika und den Kirschtomaten belegen. Die Pizza im heißen Ofen (Mitte) 25 Minuten backen.

6. In der Zwischenzeit die Möhren putzen, schälen und in dünne Scheiben schneiden. Den Feta zerbröckeln, den Salatmix waschen und trocken schleudern. Essig, Salz und Pfeffer mit dem Olivenöl zu einem Dressing verrühren.

7. Die Pizza aus dem Ofen nehmen, übrige Tomaten, Feta, Möhren und Salat darauf verteilen und mit dem Dressing beträufeln. In Stücke schneiden und sofort servieren.

Pizza „SAN DANIELE"

ZUTATEN FÜR 1 PIZZABLECH

FÜR DEN TEIG
½ Portion Pizzateig
   (siehe Seite 14)

FÜR DEN BELAG
3 Zwiebeln
1 EL Olivenöl, plus mehr
   zum Beträufeln
3 Salbeiblättchen
1 Kugel Büffelmozzarella (125 g)
1 Glas eingelegte Artischockenböden
   (in Olivenöl; 210 g Abtropfgewicht)
100 g Parmesan
Salz
frisch gemahlener Pfeffer
6 sehr dünne Scheiben italienischer
   Schinken (San Daniele)

ZUBEREITUNG

1. Den Backofen auf 220 °C vorheizen.

2. Den Teig nach Grundrezept zubereiten, zu einem Pizzaboden ausrollen und auf ein mit Backpapier ausgelegtes Backblech legen.

3. Für den Belag die Zwiebeln schälen und hacken. 1 EL Olivenöl in einem Topf erhitzen und die Zwiebeln bei geschlossenem Deckel darin andünsten. Die Salbeiblättchen klein schneiden, zugeben und alles 5 Minuten andünsten. Mozzarella in Scheiben schneiden. Die Artischockenböden abgießen, den Parmesan reiben.

4. Den Pizzaboden zuerst mit den Zwiebeln belegen, dann mit dem Mozzarella. Die Artischockenböden darauf verteilen und mit dem Parmesan bestreuen. Zuletzt die Pizza mit etwas Olivenöl beträufeln. Die Pizza im heißen Ofen (unten) 15 Minuten backen.

5. Anschließend die Pizza in sechs Teile schneiden. Mit Salz und Pfeffer bestreuen, mit je 1 Scheibe Schinken garnieren und servieren.

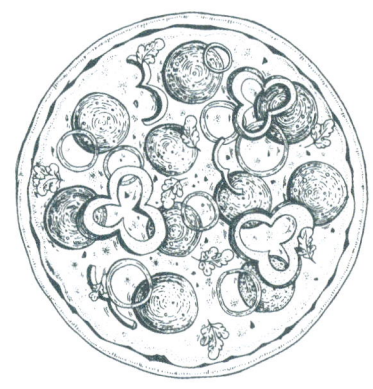

Kleine Pizzen
MIT ZIEGENKÄSE UND HONIG

ZUTATEN FÜR 4 KLEINE PIZZEN
Ø 18 cm

FÜR DEN TEIG
1 Portion Pizzateig
   (siehe Seite 14)

FÜR DIE SAUCE
1 Portion Tomatensauce
   (siehe Seite 14)

FÜR DEN BELAG
2 Kugeln Büffelmozzarella
   (à 125 g)
1 Ziegenkäserolle
Olivenöl zum Beträufeln
Salz
frisch gemahlener schwarzer Pfeffer
2 Stängel Minze
2 EL flüssiger Honig

ZUBEREITUNG

1. Den Backofen auf 220 °C vorheizen.

2. Den Teig und die Tomatensauce nach Grundrezept zubereiten. Den Teig ausrollen, ein Rechteck daraus ausschneiden und dieses auf ein mit Backpapier ausgelegtes Backblech legen. Das Rechteck in vier kleine Rechtecke teilen. Tomatensauce auf die Rechtecke streichen, dabei den Rand aussparen.

3. Für den Belag den Mozzarella trocken tupfen und in dünne Scheiben schneiden. Ziegenkäse in Scheiben schneiden. Mozzarella- und Ziegenkäsescheiben gleichmäßig auf der Tomatensauce verteilen. Zuletzt die Pizzen mit etwas Olivenöl beträufeln und mit Salz und Pfeffer bestreuen.

4. Die Pizzen im heißen Ofen (unten) 15 Minuten backen. Währenddessen die Minze waschen, trocken schütteln und die Blättchen abzupfen. Die fertigen Pizzen mit Minzblättchen bestreuen, mit dem Honig beträufeln und sofort servieren.

Variante:
Lavendelhonig verleiht ein mediterranes Aroma, dafür die Minze weglassen. Schön kross werden die Pizzen auf einem Pizzastein. Dazu munden gekühlte leichte Weine.

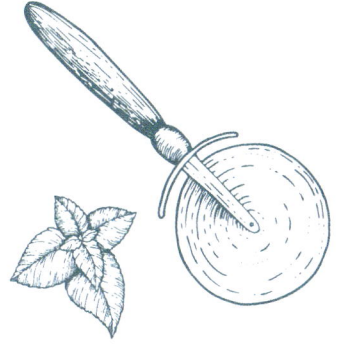

Grüne Pizzen
MIT MINZE

ZUTATEN FÜR 4 KLEINE PIZZEN
(Ø 18 cm)

FÜR DEN TEIG
1 Portion Pizzateig
   (siehe Seite 14)

FÜR DIE SAUCE
1 Portion Tomatensauce
   (siehe Seite 14)

FÜR DEN BELAG
1 Kugel Büffelmozzarella (125 g)
50 g Parmesan, plus mehr
   zum Bestreuen
100 g Ziegenfrischkäse
2 feste Zucchini
frisch gemahlener Pfeffer
50 g Pinienkerne
Olivenöl zum Beträufeln
Salz
2 Stängel Minze
1 Handvoll Rucola

ZUBEREITUNG

1. Den Backofen auf 220 °C vorheizen.

2. Den Teig und die Tomatensauce nach Grundrezept zubereiten. Den Teig ausrollen und vier Kreise (Ø 18 cm) ausstechen. Diese mit etwas Abstand auf zwei mit Backpapier ausgelegte Backbleche legen.

3. Für den Belag den Mozzarella trocken tupfen und in dünne Scheiben schneiden. Parmesan reiben und mit dem Ziegenfrischkäse vermischen. Zucchini waschen, putzen, in dünne Scheiben schneiden und gut mit Pfeffer würzen.

4. Etwas Tomatensauce auf die Teigkreise verteilen. Ziegenfrischkäse, einige Scheiben Mozzarella und Zucchini gleichmäßig darauf verteilen, dabei einen kleinen Rand frei lassen. Mit Pinienkernen und restlichem Parmesan bestreuen. Zuletzt mit Olivenöl beträufeln und mit Salz und Pfeffer bestreuen.

5. Die Pizzen nacheinander im heißen Ofen (unten) in 15 Minuten goldbraun backen. Inzwischen Minze und Rucola waschen, trocken schütteln, Minzblättchen abzupfen. Die gebackenen Pizzen mit Rucola und Minze bestreuen, erneut mit etwas Olivenöl beträufeln und servieren.

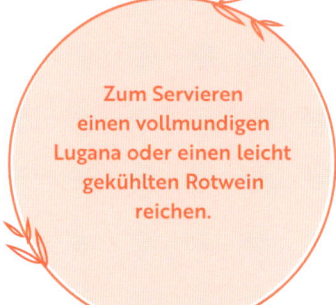

Zum Servieren
einen vollmundigen
Lugana oder einen leicht
gekühlten Rotwein
reichen.

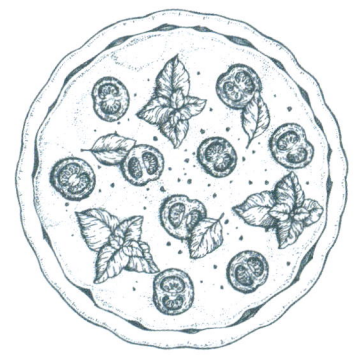

Pizza
MIT QUARK-ÖL-TEIG

ZUTATEN FÜR **8 KLEINE PIZZEN**

FÜR DEN TEIG

200 g Mehl
   (z. B. Weizenmehl Type 550),
   plus mehr zum Arbeiten
½ Pck. Backpulver (ca. 8 g)
Salz
100 g Magerquark
5 EL Milch
5 EL Öl

FÜR DEN BELAG

1 Zwiebel
1 Paprika
250 g Rinderhackfleisch
Salz
Pfeffer
Paprikapulver
getrockneter Oregano
1 Pck. stückige Tomaten
   (400 g)

ZUBEREITUNG

1. Den Backofen auf 200 °C vorheizen.

2. Für den Teig Mehl mit Backpulver und etwas Salz in einer Schüssel gut vermengen. Die restlichen Zutaten hinzufügen und alles mit dem Handrührgerät zu einem glatten Teig verarbeiten. Mit bemehlten Händen daraus acht Kugeln formen. Diese zu Fladen flach drücken und auf zwei mit Backpapier ausgelegte Backbleche geben.

3. Für den Belag die Zwiebel schälen. Die Paprika halbieren, putzen und waschen. Beides in kleine Würfel schneiden. Hackfleisch mit Salz, Pfeffer, etwas Paprikapulver und etwas Oregano würzen. Das gewürfelte Gemüse mit der Hackfleischmasse vermengen.

4. Das Tomatenfruchtfleisch auf die Fladen streichen. Zuletzt die Hackmasse gleichmäßig darauf verteilen. Die Pizzen im heißen Ofen (Mitte) 20–30 Minuten backen.

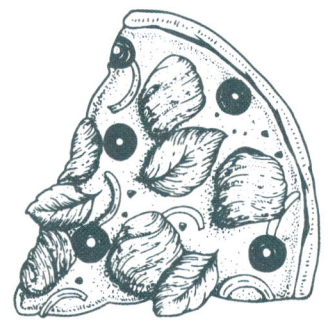

Pizzaring
MIT SPINAT-KÄSE-FÜLLUNG

ZUTATEN FÜR **1 BROT**

FÜR DEN TEIG

1 Portion Grundrezept Pizzateig
(siehe Seite 14)

FÜR DIE FÜLLUNG

400 g TK-Blattspinat
300 g Zucchini
200 g Tomaten
1 Zwiebel
1 Knoblauchzehe
2 EL Olivenöl
Salz
Pfeffer
frisch geriebene Muskatnuss
250 g geriebener Mozzarella

AUSSERDEM

Mehl zum Arbeiten

ZUBEREITUNG

1. Den Backofen auf 220 °C (Umluft) vorheizen.

2. Den Teig nach Grundrezept zubereiten.

3. Für die Füllung Spinat auf Zimmertemperatur auftauen. Zucchini waschen, putzen, der Länge nach vierteln und die Viertel in Scheiben schneiden. Tomaten, waschen, entkernen und das Fruchtfleisch würfeln. Zwiebel und Knoblauch schälen und würfeln. Den aufgetauten Spinat gut ausdrücken und grob hacken.

4. Öl in einer großen Pfanne erhitzen und Zwiebeln und Knoblauch darin andünsten. Zucchini, Tomaten und Spinat zugeben und kurz mit andünsten. Den Gemüsemix mit Salz, Pfeffer und Muskat abschmecken. Aus der Pfanne nehmen und kurz abkühlen lassen.

5. Den Pizzateig auf einer bemehlten Arbeitsfläche zu einem Rechteck (20 x 30 cm) ausrollen. Den Gemüsemix an einer langen Teigseite ca. 10 cm breit verteilen. Gleichmäßig mit ca. drei Viertel des Käses bestreuen. Den Teig aufrollen, auf ein Backblech heben und zu einem Ring formen. Mit dem restlichen Käse bestreuen.

6. Den Ring im heißen Ofen (Mitte) 20 Minuten backen.

Elsässer Flammkuchen
NACH ART VON KLAUS

ZUTATEN FÜR 1 FLAMMKUCHEN

FÜR DEN TEIG

300 g Mehl (z. B. Weizenmehl Type 550),
    plus mehr zum Arbeiten
5–6 EL Öl
Salz
ca. 125 ml Mineralwasser

FÜR DEN BELAG

200 g Schmand
    (alternativ Crème fraîche)
frisch geriebene Muskatnuss
Salz
Pfeffer
Sahne (nach Bedarf)
2 mittelgroße Zwiebeln
150 g Frühstücksspeck

**Ein gekühlter
Riesling, Edelzwicker
oder Gutedel harmoniert
hervorragend mit dem
Flammkuchen.**

ZUBEREITUNG

1. Den Backofen auf 250 °C vorheizen.

2. Für den Teig Mehl, Öl, ¾ TL Salz und das Mineralwasser mit der Küchenmaschine oder dem Handrührgerät zu einem glatten, geschmeidigen Teig verrühren, dabei das Mineralwasser zuletzt zugeben und nur so viel, bis das Mehl ganz aufgelöst ist, der Teig aber nicht mehr bröselig, und noch nicht klebt. Für diese Konsistenz ggf. etwas mehr Mineralwasser oder Mehl hinzufügen. Den Teig gut 30 Minuten ruhen lassen. Anschließend mit bemehlten Händen auf ein mit Backpapier ausgelegtes Backblech legen und vorsichtig mit einem Nudelholz so dünn wie möglich ausrollen, dabei ggf. den Teig etwas bemehlen, damit er nicht am Nudelholz klebt.

3. Für den Belag Schmand mit Muskat, Salz und Pfeffer vermischen und ggf. mit einem Schuss Sahne geschmeidig rühren, falls die Masse zu dick ist. Die Masse auf dem Teig verstreichen. Zwiebeln schälen und in feine Streifen schneiden. Frühstücksspeck würfeln oder in Streifen schneiden. Beides gleichmäßig auf der Masse verteilen.

4. Den Flammkuchen im heißen Ofen (unten) ca. 10 Minuten backen, bis der Teig knusprig und an den Rändern leicht braun ist. Dann den Flammkuchen auf einem Brett mit einem Messer oder Pizzarad zerteilen und warm servieren.

PIKANTER
Spinat-Flammkuchen

ZUTATEN FÜR **1 FLAMMKUCHEN**

FÜR DEN TEIG
15 g frische Hefe
1 TL flüssiger Honig
1 EL Magerquark
Salz
250 g Dinkelmehl (Type 630),
    plus mehr zum Arbeiten

FÜR DEN BELAG
2 rote Zwiebeln
2 EL Pinienkerne
100 g Baby-Spinat
3 Zweige Thymian
200 g Schmand
1 Ei
40 g Rosinen
1 EL Rapsöl
Salz
Zitronenpfeffer
Chiliflocken zum Abschmecken
100 g geriebener Bergkäse

Dazu schmeckt
jegliche Biersorte,
gekühlt serviert, oder
ein prickelnder
Riesling.

ZUBEREITUNG

1. Den Backofen auf 250 °C vorheizen.

2. Für den Teig Hefe in eine Schüssel bröseln und im Honig auflösen. 175 ml Wasser hinzufügen, dann mit Magerquark und etwas Salz verquirlen. Das Dinkelmehl einarbeiten und alles zu einem geschmeidigen Teig verkneten. Den Teig auf ein mit Backpapier ausgelegtes Backblech geben und vorsichtig mit einem kleinen Nudelholz ausrollen, dabei ggf. den Teig etwas bemehlen, damit er nicht am Nudelholz klebt. Den Teig 15 Minuten gehen lassen.

3. In der Zwischenzeit für den Belag die Zwiebeln schälen, halbieren und in feine Streifen schneiden. Pinienkerne in einer Pfanne ohne Fett rösten. Spinat waschen, trocken schleudern und grob zerkleinern. Alles beiseitestellen.

4. Thymian waschen, trocken schütteln, die Blättchen abzupfen und fein hacken. Schmand, Ei, Rosinen, Rapsöl und Thymian in einer Schüssel vermischen. Mit Salz, Zitronenpfeffer und Chiliflocken scharf abschmecken.

5. Den Teig mit der Schmandmasse bestreichen. Zwiebelstreifen, Pinienkerne, Baby-Spinat und Bergkäse gleichmäßig darauf verteilen. Den Flammkuchen im heißen Ofen (Mitte) 10–15 Minuten backen. Anschließend auf einem Brett zerteilen und warm servieren.

Flammkuchen
MIT HUMMUS, SPINAT UND FETA

ZUTATEN FÜR 1 FLAMMKUCHEN

FÜR DEN TEIG

1 Portion Teig für Elsässer Flammkuchen
  (siehe Seite 176; alternativ 250 g Flamm-
  kuchenteig aus dem Kühlregal)

FÜR DEN BELAG

200 g Baby-Spinat
½ Bund Frühlingszwiebeln
3 EL Olivenöl
Salz
½ TL Chiliflocken
½ Knoblauchzehe
½ Dose Kichererbsen
  (250 g Abtropfgewicht)
½ TL gemahlener Kreuzkümmel
150 g Feta
50 g grüne Oliven
  mit Mandelfüllung

ZUBEREITUNG

1. Den Backofen auf 250 °C vorheizen.

2. Den Teig nach Grundrezept zubereiten.

3. Für den Belag Spinat waschen und trocken schleudern. Frühlingszwiebeln waschen, putzen und weißen sowie grünen Teil in Ringe
   schneiden. 2 EL Öl in einem großen Topf erhitzen und die Frühlingszwiebeln darin 2 Minuten andünsten. Dann den Spinat in zwei
   Portionen zugeben und zusammenfallen lassen. Die Masse mit Salz
   und Chiliflocken würzen und beiseitestellen. Knoblauch schälen.
   Kichererbsen gut abtropfen lassen, dabei die Flüssigkeit auffangen.
   Kichererbsen, 10 EL der aufgefangenen Flüssigkeit, 1 EL Olivenöl,
   Knoblauch, Kreuzkümmel und etwas Salz cremig pürieren.

4. Anschließend den Teig mit bemehlten Händen auf ein mit Backpapier
   ausgelegtes Backblech legen und vorsichtig mit einem Nudelholz
   so dünn wie möglich ausrollen, dabei ggf. den Teig etwas bemehlen,
   damit er nicht am Nudelholz klebt. Den Teig mit der Kichererbsen-
   creme bestreichen. Darauf die Spinatmasse verteilen. Den Feta darüber zerbröckeln. Zuletzt die Oliven darauf verteilen.

5. Den Flammkuchen im heißen Ofen (unten) ca. 10 Minuten backen,
   bis die Ränder leicht braun sind.

DIPS & AUFSTRICHE

Wir lieben es, unsere Gäste (und uns selbst) mit Dips und Aufstrichen passend zu unserem Gebäck zu verwöhnen. Aus Erfahrung können wir sagen: Es lohnt sich, hier größere Portionen zuzubereiten! Weil alles immer so schnell aufgegessen ist, überlegen wir uns von Zeit zu Zeit neue feine Beilagen. Für dieses Buch haben wir die Rezepte unserer derzeitigen Favoriten zusammengestellt.

Käsebutter

ZUTATEN FÜR **6 PORTIONEN**

180 g Butter
150 g würziger Edelpilzkäse (z. B. Roquefort
    oder Gorgonzola)
Salz
frisch gemahlener Pfeffer
gemahlener Kümmel
gemahlener Koriander
frisch geriebene Muskatnuss
Cayennepfeffer

**Die Käsebutter
passt wunderbar
zu frischem Brot.**

ZUBEREITUNG

1. 60 g Butter in einer Pfanne bei mittlerer Hitze schmelzen. Köcheln lassen, bis sie goldbraun ist und beim Umrühren dunkle Butterflocken aufsteigen. Die Pfanne vom Herd nehmen und die gebräunte Butter durch ein mit Küchenpapier ausgelegtes Sieb filtern.

2. Käse grob zerkleinern und durch ein Sieb streichen. Die restliche Butter mit der gebräunten Butter in einer Schüssel schaumig schlagen. Den Käse unterrühren. Zum Schluss die Käsebutter mit den Gewürzen abschmecken.

Feta-Creme

ZUTATEN FÜR **6 PORTIONEN**

1 Knoblauchzehe
1 Zweig Rosmarin
200 g Frischkäse
125 g Feta
Cayennepfeffer
Pfeffer
Chilipulver

**Die Creme
passt perfekt auf
Renates Pizzabrötchen
(siehe Seite 164), aber
auch auf alle Sorten
Brot inklusive
Knäckebrot.**

ZUBEREITUNG

Den Knoblauch schälen und fein hacken. Den Rosmarin waschen, trocken schütteln, die Nadeln abzupfen und fein hacken. Beide Käsesorten mit einer Gabel zerdrücken. Mit Knoblauch, Rosmarin und den übrigen Gewürzen abschmecken.

Räucherforellen-Dip

ZUTATEN FÜR **6 PORTIONEN**

200 g Frischkäse
100 g Räucherforellenfilets
25 g Sahnemeerrettich
1 EL körniger Dijon-Senf
Salz, Pfeffer
1 TL Zitronensaft
1 Bund Schnittlauch

ZUBEREITUNG

Den Frischkäse in einer Schüssel glatt rühren. Forellenfilets von den Gräten befreien und klein zupfen. Forellen, Sahnemeerrettich, Senf, Salz, Pfeffer und Zitronensaft zugeben. Schnittlauch waschen, trocken schütteln, in kleine Röllchen schneiden und kurz vor dem Servieren unter die Frischkäsemasse heben.

Kartoffel-Dip

ZUTATEN FÜR **6 PORTIONEN**

50 g Butter
½ Zwiebel
1 EL Olivenöl
200 g mehligkochende Kartoffeln
Kümmelsamen
Salz
2 EL Crème fraîche
    (alternativ 2 EL saure Sahne)
frisch gemahlener Pfeffer
frisch geriebene Muskatnuss
Cayennepfeffer
gemahlener Majoran
gemahlener Kümmel

ZUBEREITUNG

1. Butter in einem kleinen Topf bei mittlerer Hitze hell bräunen. Danach durch ein mit Küchenpapier ausgelegtes Sieb filtern.

2. Die Zwiebel schälen und klein würfeln. Olivenöl in einer Pfanne erhitzen und die Zwiebeln darin bei mittlerer Hitze anbräunen.

3. Kartoffeln gründlich waschen und mit 1 Prise Kümmel in Salzwasser weich kochen. Heiß pellen und durch eine Kartoffelpresse drücken. Zwiebeln, Crème fraîche und braune Butter unterrühren. Zuletzt den Dip mit Salz, Pfeffer, etwas Muskat und je 1 Prise Cayennepfeffer, Majoran und Kümmel abschmecken.

Dieser Dip sollte möglichst frisch zubereitet werden. Er schmeckt am besten, wenn er warm serviert wird, denn im Kühlschrank verliert er seinen mild-würzigen Charakter.

Kichererbsen-Dip

ZUTATEN FÜR **6 PORTIONEN**

1 Dose Kichererbsen (250 g Abtropfgewicht)
1 Knoblauchzehe
½ Bio-Zitrone
3 EL Olivenöl
100 ml Gemüsefond
½ TL gemahlener Kreuzkümmel
Salz
Pfeffer
3 Stängel Pfefferminze
½ Bund Koriandergrün

ZUBEREITUNG

1. Die Kichererbsen in einem Sieb gut abspülen. Den Knoblauch schälen und klein schneiden. Die Zitrone heiß waschen, abtrocknen, die Schale abreiben und 2 EL Saft auspressen. Die vorbereiteten Zutaten mit Öl und Fond fein pürieren. Mit Kreuzkümmel, Salz und Pfeffer abschmecken.

2. Kurz vor dem Servieren Minze und Koriandergrün waschen, trocken schütteln, hacken und unter die Masse rühren.

Bohnen-Dip
MIT SALBEI

ZUTATEN FÜR **6 PORTIONEN**

5 eingelegte Sardellen
1 Knoblauchzehe
60 g Butter
1 EL Salbeiblättchen
200 g weiße Bohnen (Dose)
100 g Ricotta
1 Spritzer Zitronensaft
Salz
Cayennepfeffer

Den Bohnen-Dip nicht zu kalt servieren, damit die Butter geschmeidig bleibt.

ZUBEREITUNG

1. Sardellen abtropfen lassen und in 5 mm breite Streifen schneiden. Ungeschälte Knoblauchzehe in Butter hell bräunen. Die Butter durch ein mit Küchenpapier ausgelegtes Sieb filtern. Salbeiblättchen waschen, trocken schütteln, in feine Streifen schneiden und in die heiße Butter rühren.

2. Bohnen in einem Sieb abspülen und abtropfen lassen. Mit dem Ricotta im Standmixer pürieren. Die Masse durch ein Sieb streichen.

3. Die Salbeibutter mit den Sardellen in das Bohnenpüree rühren. Zuletzt den Dip mit Zitronensaft, Salz und 1 Prise Cayennepfeffer abschmecken.

Tomaten-Chutney

ZUTATEN FÜR **6 PORTIONEN**

FÜR DAS CHUTNEY

1 kg Tomaten
30 g Ingwer
4 Knoblauchzehen
2 Zwiebeln
1 getrocknete Chilischote
2 Äpfel (Sorte Boskoop)
2 EL Öl
100 g brauner Zucker
100 ml Apfelessig
300 ml Apfelsaft
½ EL Kümmel

AUSSERDEM

4 sterile Einmachgläser (à 250 ml)

ZUBEREITUNG

1. Tomaten waschen, entstielen, die Haut leicht einritzen und die Tomaten 4–5 Minuten in leicht siedendes Wasser legen. Anschließend mit einer Schaumkelle herausnehmen und sofort mit kaltem Wasser abschrecken. Die Tomaten häuten, vierteln, die Kerne entfernen und das Fruchtfleisch in grobe Würfel schneiden.

2. Ingwer schälen und reiben. Knoblauch und Zwiebeln schälen und fein würfeln. Chili in möglichst feine Ringe schneiden. Äpfel schälen, das Kerngehäuse entfernen und die Äpfel in dünne Scheiben schneiden. Öl in einem großen Topf erhitzen und Zwiebeln, Knoblauch, Äpfel und Ingwer darin andünsten. Braunen Zucker hinzufügen und leicht karamellisieren lassen. Mit Apfelessig und -saft ablöschen. Tomaten, Kümmel und Chili zugeben.

3. Die Hitze reduzieren und die Masse 20–30 Minuten einkochen lassen, dabei ständig gut durchrühren, damit nichts am Topfboden ansetzt. Das fertige Chutney noch heiß in die Einmachgläser füllen. Die Gläser fest verschließen und 5 Minuten auf dem Kopf stehen lassen. Dann umdrehen.

Gorgonzola-Dip

ZUTATEN FÜR **6 PORTIONEN**

80 g Gorgonzola
100 g Frischkäse
100 g Sahne
frisch gepresster Zitronensaft
Salz
Pfeffer

ZUBEREITUNG

Gorgonzola und Frischkäse in einer Schüssel zerdrücken und mit der Sahne glatt rühren. Mit Zitronensaft, Salz und Pfeffer abschmecken.

Register

Über die Autorinnen

ANNI ALBER, geboren 1941, lernte von ihrer Mutter von klein auf alles, was sie auch heute noch liebt: Schneidern, Kochen, und vor allem Backen. Mit ihrem Mann organisierte sie Konzerte, Opern- und Operetten-Tourneen. Damit es ihr in der Rente nicht zu ruhig wird, wurde sie 2015 Backoma und tobt sich mit dem Schneebesen so richtig aus. Genug Zeit, auch Töchter, Schwiegersöhne und die fünf Enkelkinder mit leckerem Backwerk zu verwöhnen, bleibt aber selbstverständlich trotzdem.

EVA-MARIA SCHULZE, Jahrgang 1952, war schon immer gerne unterwegs, um die Welt zu entdecken. Neben ihrer Arbeit, u. a. als Hotelkauffrau, in der Versicherungs- und Computerbranche, blieb da kaum Zeit für ihre Leidenschaft: das Backen. Im Ruhestand holt sie dies nun ausgiebig nach und ist ebenfalls seit 2015 beim sozialen Münchner Unternehmen Kuchentratsch aktiv, wo sie auch Anni kennenlernte. Doch das nächste Abenteuer wartet bereits: Eva-Maria plant ein halbes Jahr in Neuseeland als Au-pair-Oma.

Danksagung

Ein großer Dank geht an Lianne Kolf, die uns bei einem launigen Kneipenabend den Anstoß zum Schreiben dieses salzigen Backbuches gegeben und uns mit ihrer Verlagsagentur zum EMF Verlag gebracht hat. Gemeinsam mit ihr sind wir auf viele Ideen für herzhafte Rezepte gekommen, die wir mit Lust und Freude ausprobiert, einem kritischen Testerkreis serviert und dann perfektioniert haben.

Ein besonderer Dank gebührt Annis Familie, Klaus, Susanne und Leo. Klaus wurde zum Korrekturlesen verdonnert, Susanne zum Probefotografieren. Alle, auch die Enkelkinder, haben mit Freude und Appetit unsere produzierten Backwerke verkostet.

Auch ein Dankeschön an unsere Freunde Angelika, Edith, Karin, Regina, Renate und Vroni, die wir immer um Rat fragen konnten. Nicht zu vergessen auch Robert – von ihm bekamen wir das Gedicht vom Brot.

Noch mehr tolle Bücher

Das große Italien-Backbuch
Pizza, Pane, Dolci und Co.
ISBN 978-3-7459-0959-3
39,00 € (D) / 40,10 € (A)

Backen mit Sauerteig
Wurzel-Brot, Emmer-Krustenbrot,
Baguette, Bagels und mehr
ISBN 978-3-7459-0455-0
22,00 € (D) / 22,70 € (A)

Pasta Tradizionale
Die Originalrezepte aus
ganz Italien
ISBN 978-3-96093-690-9
30,00 € (D) / 30,90 € (A)

IMPRESSUM

Bibliografische Information der Deutschen Bibliothek.

Die Deutsche Bibliothek verzeichnet diese Publikation in der Deutschen Nationalbibliografie. Detaillierte bibliografische Daten sind im Internet über http://www.dnb.de/ abrufbar.

EIN BUCH DER EDITION MICHAEL FISCHER

1. Auflage 2022

© 2022 Edition Michael Fischer GmbH, Donnersbergstr. 7, 86859 Igling

Covergestaltung, Layout und Satz: Pia von Miller
Projektmanagement: Katharina Gutschik
Lektorat: Constanze Lüdicke, Katharina Gutschik

Rezeptfotografie: Klara & Ida, Stuttgart
People-Fotografie: Corinna Brix, München

Hintergrund:
S. 1-7, 9, 23, 30, 31, 40, 41, 54-55, 68-71, 105, 121, 134, 135, 163, 181, 186-192: ©goldnetz/Shutterstock

Illustrationen:
S. 2, 3, 11, 23, 24, 26, 34, 38, 42, 44, 45, 92, 130, 136, 146: © Vectorgoods studio/Shutterstock; S. 6, 127, 132, 142, 168-170, 172: © DiViArt/Shutterstock; S. 9, 17, 20, 128: © Qualit Design/Shutterstock; S. 12, 65, 66, 74, 84, 121, 160, 163: © La puma/Shutterstock; S. 16: ©nata_danilenko/Shutterstock; S. 18, 86, 88: © Natalya Levish/Shutterstock; S. 56, 58, 60, 62, 90, 98: © Vector Tradition/Shutterstock; S. 105, 116, 119, 152: © Ilona Rainbow/Shutterstock; S. 108: ©makeevadecor/Shutterstock; S. 122, 124: © Frogella/Shutterstock; S. 126: © Acant-Studio/Shutterstock; S. 149: © alya_haciyeva/Shutterstock; S. 181: © Mind Pixell/Shutterstock

ISBN 978-3-7459-1094-0

Gedruckt bei PNB Print SIA „Jansili", Silakrogs, Ropazu novads, LV-2133, Lettland

www.emf-verlag.de